LE MINISTÈRE

DE M. THIERS,

LES CHAMBRES

ET L'OPPOSITION DE M. GUIZOT.

IMPRIMERIE LE NORMANT, RUE DE SEINE, 8.

LE MINISTÈRE

DE M. THIERS,

LES CHAMBRES

ET

L'OPPOSITION DE M. GUIZOT.

PAR L'AUTEUR DE L'HISTOIRE DE LA RESTAURATION.

PARIS.
DUFÉY, LIBRAIRE, RUE DES MARAIS S. G. 17.

AVRIL 1836.

LE titre de ce livre a besoin d'être expliqué. Je n'ai pas choisi les noms de MM. Thiers et Guizot comme des renommées saisissantes qui vont aux masses. Quelque haut que la fortune politique ait placé les hommes, ils ne sont à mes yeux quelque chose que lorsqu'ils sont l'expression d'un système ou d'une idée.

J'ai donc pris M. Thiers, à travers l'incessante mobilité de son caractère, comme le symbole du matérialisme de l'Empire dans ce qu'il avait d'absolu et d'administrativement organisateur, de la philosophie du dix-huitième siècle, dans ce qu'elle avait de moqueur, de décousu même à côté de son fatalisme, enfin de la révolution dans ses ravages de classes et de rang, dans le bouleversement des convictions hautes et religieuses. J'ai vu dans M. Guizot l'expression dure et puritaine de l'idée gouvernementale, du système représentatif anglais, avec ses conséquences, d'aristocratie de fortune et d'intelligence, le respect au droit, à la loi, à tout ce qui a réalisé le chiffre inflexible de 1688.

Il y a six mois que je publiai un premier écrit sur le gouvernement de Juillet, sur son esprit et ses tendances. Je cherchais à établir les propositions suivantes :

« M. Guizot ne peut rester dans un même conseil avec M. Thiers ; s'il ne se sépare de son collègue, celui-ci formera un ministère dont il prendra hardiment la présidence.

« M. Guizot est destiné à devenir le chef

d'un centre droit qui grandit dans les Chambres et dans la société; il n'a pas d'autre avenir, comme homme politique et parlementaire.

« Les légitimistes doivent renoncer à s'unir avec le parti du mouvement et de la gauche, pour arriver loyalement sur le terrain des institutions. Il n'y a de vie pour les grandes opinions que dans l'action des pouvoirs constitutionnels. »

De ces propositions quelques unes déjà se sont réalisées.

Le ministère de MM. Guizot et Thiers s'est dissous. Je ne crois pas davantage à leur union dans la Chambre.

Je ne crois pas non plus qu'un ministère puisse long-temps marcher en éludant toute alliance avec les grandes opinions parlementaires. Un cabinet doit avoir une majorité à lui. M. Thiers doit la chercher dans le tiers parti. Il ne peut toujours recourir à M. Guizot pour se l'assurer.

Ma conviction est profonde. Je pense que tôt ou tard les autres points viendront. Les hommes sont plus difficiles à rapprocher que les principes; mais enfin les choses marchent; qui peut arrêter la nécessité?

Le présent livre est destiné à développer ma pensée sur la marche des pouvoirs vers le but que j'ai indiqué.

Je prie encore qu'on n'attribue cet écrit qu'à mes propres convictions. Au temps de coteries où nous vivons, il y a des gens qui n'ont pas assez de fierté d'âme pour comprendre qu'une conscience droite et méditative puisse juger en dehors de l'esprit d'opposition une situation politique!

Il y a dans la situation politique de la France, depuis la Révolution de Juillet 1830, des résultats favorables à l'école gouvernementale en Europe, qu'il est bon de constater.

Les hommes de tous les partis successivement appelés au pouvoir, centre gauche, gauche modérée, sont forcés d'adopter les principes de cette grande école qui arracha la France aux passions et aux périls dans les crises diverses de la société. Sous ce rapport, il n'y a pas heureusement de différence. Ce que M. Guizot avait été entraîné à faire par sa raison, M. Thiers est obligé de le subir par nécessité. Viennent MM. Dupin et Odilon Barrot aux affaires, ils rendront hommage aux lois éternelles de tout gouvernement régulier.

D'immenses points sont aujourd'hui conquis pour l'ordre et la sécurité publique.

Dans les affaires étrangères, il est admis que les traités de 1814 et de 1815, quelque durs qu'ils puissent être, réaction impérieuse des folies de la conquête, font et doivent faire la loi générale de l'Europe; on se garde bien d'en demander la modification par la guerre; la propagande est abandonnée aux vieux drapeaux révolutionnaires. On s'est loyalement associé en France au système qui réprime tous les mouvemens désordonnés de peuples.

Toute opinion qui veut prétendre à la direction du pays doit au préalable admettre la monarchie constitutionnelle, non seulement comme un fait, mais comme un droit légal, immense qui domine toutes les discussions.

On ne nie plus la puissance de la loi, la sainte autorité des magistrats; qui oserait aujourd'hui, comme naguère, récuser la grande juridiction de la pairie, et discuter impunément l'origine des pouvoirs et la majesté inviolable de la justice?

En matière de gouvernement, il est encore admis que le principe de la souveraineté populaire est une utopie sans réalisation et sans application possible, que tout gouvernement doit tendre à l'hérédité, à l'unité et à la force monarchique.

Toutes les déclamations sur les formes électorales, municipales, administratives, dans le sens de la démocratie , fatiguent les esprits. Il n'y a plus que la vieille école de 1789 qui puisse soutenir les maximes de l'Assemblée Constituante; on les délaisse comme les rêves d'une génération finie.

On a aussi abandonné dans les matières financières ces puérilités contre les dépenses nécessaires du budget; plus d'un membre de la gauche convertie doit avoir sa conscience malade quand il se rappelle les attaques qu'il adressa à d'autres époques contre la probité et l'habileté financière de la Restauration.

Jamais l'emploi de la force répressive en matière de gouvernement n'a reçu une plus constante et plus énergique application; la maxime qu'un système politique doit se défendre par tous les moyens légitimes qui lui sont propres est maintenant incontestée.

Ce qui étonne donc, c'est que tous ces hommes qui viennent au pouvoir, en adoptant les principes de l'école gouvernementale, en arrivant au vrai après avoir été si long-temps dans le faux, aient encore conservé contre elle certaines formules de répugnances. Les voilà tous forcés de subir la haute direction des politiques, d'adopter la puissance de leurs idées, qu'importe! il est passé en coutume de déclamer contre certains noms propres, de nier les hommes après avoir admis les choses. Quel hommage n'a point reçu depuis 1830 l'administration si calomniée des seize années de la Restauration !

Les esprits d'une certaine portée éprouvent quelque inquiétude de la situation actuelle de la société. Ces ébranlemens soudains et périodiques, ces dissolutions répétées du cabinet, cet embarras dans le jeu du système représentatif, peuvent bien être attribués par la polémique journalière à des intrigues de personnes, à des ambitions qui se heurtent; ils se rattachent par le fait à des idées plus hautes, à des causes plus générales. Deux grandes écoles se trouvent en présence dans l'ordre moral, comme dans l'ordre physique : le mouvement et la résistance !

C'est chose fatale pour un pays que l'affaiblissement du pouvoir et de la considération qu'il inspire. Il y a des ressources quand l'anarchie est dans les masses, on peut la réprimer ; mais la société a peu d'espérances quand le désordre est dans le principe ministériel dont tant de force émane. Il n'y a pas de pays qui puisse résister à des crises de système renouvelées tous les six mois.

La plus noble mission qu'un cœur haut puisse se proposer, c'est la reconstruction morale du pouvoir, garantie tutélaire pour tous les intérêts. Que d'autres suivent Napoléon sur les champs de bataille de l'Europe avec ses aigles de victoire ; à mes yeux, ce qui fait sa grandeur, c'est la mission qu'il se donna sous le Consulat, de rétablir l'autorité.

La Constituante avait détruit la monarchie française ; elle avait bouleversé l'administra-

tion en essayant la pratique du *Contrat social*;
elle fit sous ce rapport une plaie plus profonde
à la France que la Convention même; celle-ci
gouvernait au moins, elle ne tuait que les indi-
vidus. La Constituante, comme le vieux libéralisme de nos jours, énerva tout principe de
gouvernement; elle rendit impossible l'action
d'un pouvoir régulier, elle l'entoura de méfiances, de telle sorte qu'il ne put plus agir
sans soulever autour de lui mille résistances.

Indépendamment de ces causes générales
de faiblesse et d'hésitation, le pouvoir ministériel tend à se confier à des esprits politiques qui, je le crains bien, le comprennent
mal, ou qui ont passé la moitié de leur
vie à le combattre. Chose curieuse! les amis
naturels de tout gouvernement modéré inspi-
rent des méfiances, et savez-vous à qui sera
donnée peut-être la direction politique? à des
opinions qui rendirent le Gouvernement impossible à toutes les époques; de sorte qu'il

faut que ces partis opposans abdiquent leurs vieilles convictions, ce qui énerve leur force morale, ou qu'ils laissent décheoir l'autorité. Il ne leur reste plus que la répression matérielle, et celle-là est bientôt à sa fin.

Dès qu'il se montre quelques hommes un peu distingués, avec des idées et des principes de pouvoir ou d'administration, on les proscrit par des dénominations que l'on se hâte de rendre bien odieuses.

Vous avez une école qui, malgré quelques unes de ses fautes et sa fierté de langage, a conservé l'unité de doctrines, la ferme résolution d'un but, la volonté d'un gouvernement fort; tout aussitôt on la dénonce, on la proscrit : ce sont des doctrinaires! M. Guizot, M. de Broglie! anathème donc contre eux!

Il y a aussi des esprits d'expérience administrative qui ont servi les gouvernemens divers dans leur système de modération : anathème encore contre eux! ne sont-ils pas du parti politique personnifié dans les capacités de M. Molé et de M. Pasquier ?

Mais si au contraire il existe un groupe d'opinions qui soit, comme le tiers parti, l'affaiblissement de tout pouvoir fort et persévérant, l'inexpérience, la faiblesse, l'incertitude, ou bien, comme la gauche extrême, la résistance passionnée ; oh ! alors, il faut que ces opinions gouvernent la société ; ce sont des hommes-modèles, des cœurs désintéressés, patriotes. Vite donc qu'on leur confie l'autorité ; qu'importent leurs antécédens ! qu'importe qu'ils soient obligés d'abdiquer leur passé politique en arrivant aux affaires, qu'ils perdent ainsi toute force morale ! qu'importe qu'ils soient entraînés malgré eux, par d'innombrables concessions, à l'énervement du pouvoir ! on les pousse à ce pouvoir en les proclamant les seuls dignes, les seuls intègres, les seuls en harmonie avec la situation !

Voilà où nous en sommes en France ! Mais

notre avenir est-il là? serons-nous destinés à
cette lutte indéfinie entre les esprits d'ordre,
de force et d'unité, et les volontés désordonnées qui prétendent asseoir la puissance ministérielle sur un sable mouvant, pour marcher
de droite à gauche sans système fixe et d'a-
vance arrêté?

Soyons vrais; depuis un an il s'opère dans
le mouvement des opinions une révolution
remarquable. Le vieux libéralisme s'interroge
et s'inquiète; on le voit tout dérouté, se clas-
sant en nouvelles nuances, abandonnant les
questions politiques pour rappeler des dénominations qui ne sont pas à lui. Il fait bon
marché des réformes qu'il a sollicitées, des
principes tout empreints encore sur son front
ridé; il supplie qu'on lui laisse la réforme in-
dustrielle; il s'est réfugié derrière les questions
positives, thème malheureux pour lui, car là
aussi se trouvent bien de fatales expériences.

En face de cette lutte, on s'inquiète de l'avenir de notre société ; quelques esprits la voient travaillée par des désordres de toute espèce : la guerre de celui qui n'a pas contre celui qui possède ; le tumulte populaire contre l'organisation politique ; la multitude contre l'unité. Je crois qu'on s'exagère beaucoup ce danger pour l'avenir ; la France présente ce phénomène que ses garanties, ses pouvoirs sont plus en avant dans les idées du vieux libéralisme que l'esprit et les besoins de la société. Jetez un regard autour de vous ; vous voyez que partout, dans la littérature, dans les arts, dans les principes philosophiques, dans les intérêts, il y a retour vers le principe d'ordre moral et religieux. Il existe bien encore quelques imaginations déréglées, quelques opinions brutes et remuantes qui invoquent les idées de désorganisation, mais les grandes puissances intellectuelles qui agissent sur l'esprit d'une époque n'appartiennent plus aux opinions de désordre.

Il se fait un travail de reconstruction qui échappe peut-être à l'œil vulgaire, mais il est tellement puissant, il agit avec tant d'énergie, qu'il force ses ennemis mêmes à le subir.

Que fait l'opinion du vieux libéralisme? elle cherche à se grouper, à se formuler; elle est incertaine sur ses moyens; toute déroutée, elle veut le ministère et tremble de le prendre; elle sait l'immense responsabilité qui pèserait sur elle au cas où la direction de la société tomberait dans ses mains. L'esprit révolutionnaire est entre la négation de son passé et l'impossibilité de son avenir.

Il doit être constant que notre époque est moins menacée par les idées désorganisatrices que ne l'était la vieille monarchie dans le dix-huitième siècle, et la Restauration dans ses derniers temps. Sans doute, à ces deux époques, les formes gouvernementales étaient plus monarchiques; il y avait ostentation du pouvoir absolu dans l'expression, mais l'action meur-

trière et fatale de la philosophie moqueuse
des diverses écoles de droit politique et de
droit naturel était brûlante, elle remuait
l'imagination et le sol; on ne pouvait être bel
esprit sans professer haut la philosophie du
dix-huitième siècle; or, comme les idées sont
une grande puissance, quoi d'étonnant qu'on
marchât droit à un bouleversement politique?

Aujourd'hui une situation tout opposée se
produit; les formes extérieures de notre système social appartiennent au vieux libéralisme,
mais ses idées et ses principes ont perdu toute
leur force. Il y a un généreux travail contre
l'école matérielle du dix-huitième siècle; on
ose la soutenir à peine; les puissances intellectuelles ont passé sous un autre drapeau. Il doit en résulter pour l'avenir une
révolution toute différente de celle que pro-
duisirent les idées politiques sous la Restauration. Nous sommes en labeur pour arriver
à ce résultat; il est immanquable; la victoire

ne peut être douteuse dans la lutte, engagée entre les idées fortes et jeunes et les systèmes en décrépitude.

Qu'on se rassure donc; l'avenir n'est pas à la révolution, parce que les forces sociales ne sont plus avec elle; toutes tendent au pouvoir, à l'ordre, à l'unité. Je ne prétends point deviner quelles formes cette organisation pourra prendre; c'est une question de providence que je ne veux point approfondir; il suffit de constater la tendance des esprits, et que si le ministère et les majorités ne comprenaient pas cette mission, si dans les illusions d'un bruit extérieur qui se fait, les pouvoirs prenaient pour la véritable société une portion remuante et inquiète du pays, ils se placeraient tout-à-fait en dehors de la véritable France; et celle-là seulement est forte.

Notre nation a un sens exquis qui la ramène toujours aux grandes vérités politiques; la surface se laisse émouvoir par des sentimens passagers, des caprices et des colères; mais le fond

du pays accourt à tout ce qui est fort et moral.
Et ceci explique comment tout gouvernement
qui veut le bien est tout aussitôt entouré, pro-
tégé par cette masse d'opinions qui le défend
contre le désordre.

Je sais que chaque parti, chaque opinion
se donne pour mission de représenter le
pays; c'est une forme commune et habituelle
que de dire : Nous sommes la France. Il n'est
pas de petite coterie qui n'affiche cette prétention. Est-elle toujours vraie? n'est-elle pas
souvent un moyen pour faire passer sous la
vaste influence de l'opinion publique des projets, des idées, qui sont loin d'être ceux de
la France? Il y a bien de la vanité à se présenter seul comme l'expression du pays!

Que veut ce pays? où va le pays? C'est là
une de ces grandes études dont l'homme politique doit se préoccuper sans passion, sans
parti pris d'avance.

L'opinion publique se forme sous l'empire

de mille influences diverses qu'il faut suivre et juger pour comprendre les résultats probables des temps dans lesquels on vit. L'esprit d'un siècle arrive à la suite d'un grand travail qui se fait à la face de tous, et que pourtant peu aperçoivent. Quand la littérature, les arts, la politique prennent une commune tendance, il est impossible qu'en définitive la société n'appartienne pas à l'esprit que ces grands mobiles font agir. Ce résultat ne se manifeste point tout d'un coup. Pour être lent à se former, il n'en est pas moins inévitable.

Or, le pays pourra difficilement échapper à l'esprit conservateur, parce que les idées ont pris cette direction, et que les générations ne s'affranchissent point de la puissance des idées. Ce ne fut pas seulement le caractère de Napoléon, tout trempé de bronze, qui le poussa à la reconstruction puissante et féconde de la société au 18 brumaire; eût-il eu encore une volonté plus tenace, une épée plus lourde,

qu'il eût échoué dans ses projets si la société
entière ne l'y eût poussé. Mais l'opinion encore
tout émue des grands désordres de la révolution l'y entraînait invariablement ; les esprits
avaient soif d'une unité protectrice et d'une
morale religieuse ; le Consul n'eut besoin que
de laisser marcher les idées ; l'Empereur les réa-
lisa dans ce magnifique état social qui ne périt
que par l'exagération de son principe de conquête ; ce ne fut pas la société qui lui manqua.

Quand donc je vois tout ce qui forme l'intelligence prendre une direction conservatrice, quand j'aperçois la littérature, les arts,
s'empreindre d'un caractère de religieuseté et
n'avoir de succès qu'à ce prix, et les principes
de désordre laissés comme de vieux souvenirs à
une époque historique et philosophique qui a
fini son temps, je pose en fait qu'il ne faut pas
désespérer d'un pays où un si heureux avenir
se prépare.

Ai-je besoin de rappeler ce vieil adage, que

la littérature est l'expression d'un siècle ? Notre époque littéraire, à nous, se partage en quelques grandes doctrines, un peu confuses encore, et qui toutes pourtant ont un caractère assez distinct. Il y a quelque chose de profond qui divise invariablement aujourd'hui les œuvres de l'esprit; c'est le caractère matériel et moqueur de l'école qui a hérité des traditions du dix-huitième siècle, cette froide analyse des passions et du cœur sans remonter à une cause première, à un principe religieux; et cette autre école qui remue profondément, parce qu'elle invoque toutes les douleurs de la vie, tous les désenchantemens d'une existence de passage et de transition, pour tout rattacher à ce culte plein de pensées morales, de solennelles formules. Cette école abandonne les froides dissertations de la philosophie encyclopédique, elle ne creuse point jusqu'à la dissection de l'homme, elle se reporte et nous reporte vers la croyance, la croyance, noble soutien de l'âme si fortement émue en face d'elle-même et de la création.

Personne ne nie que la littérature du dix-huitième siècle n'ait encore de fervens disciples et de spirituels défenseurs dans les écoles, dans les académies, dans les journaux; mais la société n'est plus à elle; la forte popularité ne la salue plus; ses livres sont au rabais, ses œuvres nourrissent à peine quelques vieux oisifs qui se rappellent leurs jeunes années et une vie dissipée. Quand la génération actuelle les étudie, elle y va plutôt chercher l'histoire des mœurs de l'époque que des exemples et des leçons; ceux qui furent ses partisans reconnaissent si bien la fin de son règne, qu'ils cherchent à modifier leur langue, leurs préceptes et leur style.

Qui oserait aujourd'hui faire de longues déclamations contre le catholicisme et le principe religieux? Il y a encore quelques formes immorales dans les œuvres de l'art, mais le public y répugne et en fait justice; les scènes révolutionnaires dégoûtent, les déclamations contre le pouvoir fatiguent; on marche vers la reconstruction de tout ce qu'on a démoli.

C'est une mode, dit-on, elle passera comme le goût des vieux meubles, comme l'engouement pour la renaissance. On a dit même, dans une chaire d'université, que ce retour vers la croyance était une des petites espiègleries de la génération, une fantaisie qui n'était fondée sur rien de réel et de positif. Cette légèreté d'esprit qui badine avec les grands faits sociaux n'est plus de notre âge. La foi se lie tout entière aux grandes choses; les époques d'épicuréisme sont des temps de décadence; M. O'Connel lui-même, le désorganisateur, n'a-t-il pas dit : « Vous n'êtes pas dignes de la liberté en France, parce que vous n'avez pas la foi religieuse pour vous. »

Je n'explique pas un fait; il suffit qu'il existe; il grandit à chaque moment, il nous enlace, il

nous entoure; l'avenir est à lui. On se plaît
à tous les mystères, à toutes les croyances ca-
tholiques, les livres des défenseurs du dogme
se multiplient par milliers. Il y a ferveur dans
la famille, sous le toit domestique, la vieille
cathédrale est envahie, et l'orgue saint remue
et froisse nos entrailles.

Quand le christianisme fut prêché au monde,
il y avait aussi des hommes du passé, de vieux
païens qui s'écriaient : « Où sont donc ces
chrétiens? il y a quelques femmes, quelques
esclaves qu'on jettera aux mines de Numidie;
puis au-delà, rien. » Un siècle après Tertullien,
le christianisme était partout, aux quatre coins
du monde. Les partisans des doctrines du dix-
huitième siècle peuvent encore se couronner
de fleurs et vivre dans leur épicuréisme, qui
n'a même plus la force de l'école encyclopédique et l'esprit des gentilshommes; la société
n'est plus à eux.

C'est un admirable résultat pour l'avenir de

notre pays : la croyance catholique est toute favorable à l'autorité morale; elle élève l'obéissance à cette autorité jusqu'au devoir; le sentiment religieux reconstituera la famille ébranlée, et cette société si vivement émue par l'action du vieux libéralisme.

Toutes les formes de la littérature s'empreignent de cet esprit; qui oserait aujourd'hui concevoir un drame où le principe religieux serait attaqué? L'autel n'apparaît plus que comme un lieu de miséricorde et de refuge, le prêtre se montre comme le saint organe de toutes les solennelles idées et de cette douce protection que la belle organisation chrétienne accorde à tout ce qui est faible et malheureux; l'histoire elle-même n'ose plus la critique savante, mais étroite, de Fréret, de Volney ou de Dupuy contre les origines religieuses; les divines écritures rayonnent comme les sublimes conceptions des temps homériques, et ces écritures ont entraîné le monde dans une voie de civilisation. Tous les livres de l'école d'érudition froide et sceptique ont vieilli; leurs travaux apparaissent à la jeune famille sociale comme une dissection sans cœur de la vie des siècles; il n'est pas même une spéculation de librairie qui s'attache à ces idées, et dans notre temps c'est un symptôme.

Et ces romans aux voluptueuses images, dites-nous-en le succès durable; les talens les plus chauds ne peuvent racheter le vide de ces situations si uniformes dans le vice. Nous sommes avides d'une littérature chaste, voilée; elle nous viendra, parce que la société morale a ses exigences comme la société matérielle.

Or, cet aspect général des œuvres littéraires est rassurant; l'esprit en définitive reste maître des masses; un pays n'est pas menacé de révolution quand sa forte littérature est toute conservatrice, quand les puissances intellectuelles sont religieuses. Qu'est devenu le sen-

sualisme du dix-huitième siècle? quelle école
oserait encore soutenir l'indifférente étude du
mécanisme de la conscience humaine? Ce matérialisme raisonneur est relégué dans les cours
d'assises; là il y a ses enseignemens. Notre génération est fatiguée de cette doctrine de désespoir et de négation; elle a besoin de croire.
Le spiritualisme se montre dans toutes les âmes
mélancoliques; il est inscrit au pâle front des
jeunes hommes.

Toutes les fois qu'une secte a voulu s'emparer de l'avenir, elle s'est montrée avec des
croyances; le *saint-simonisme* méconnu recher-
chait ce besoin de se rattacher à une pensée
morale, à une religion, à des formes, et nous
lui devons beaucoup. Les *fourristes* veulent
bien identifier les facultés de l'homme avec
l'existence sociale et matérielle; ils mêlent l'idée
du devoir aux habitudes de la vie, à la perfection humaine sans péché originel. Avec
cette doctrine, quelle sanction reste-t-il? et

d'ailleurs quelle popularité peut invoquer la secte des fourristes, reléguée dans quelques froides et synthétiques imaginations de savans mathématiciens ?

La philosophie s'est transformée ; la force n'est plus aujourd'hui dans le doute superbe ; après tant de révolutions, quand les peuples sont désabusés de leurs illusions, au milieu de ces désenchantemens qui froissent l'âme, quoi d'étonnant que l'on revienne à l'enivrement de ces douces croyances qui prennent l'homme au berceau et couronnent de rêves d'or ses cheveux blancs !

Voyez les arts, comme ils retournent d'euxmêmes à ces images de la vie et de la mort chrétiennes, à ces légendes qui grandissent la pauvreté et réveillent le remords dans l'âme du mauvais riche ! C'est votre philosophie qui passe avec le ridicule panthéisme de révolution, vos déesses et vos génies froids comme le marbre, votre renommée, votre immorta-

lité couronnant un Panthéon. Sainte Geneviève, pauvre fille de Nanterre, attire plus
d'âmes aimantes sur sa tombe que toutes vos
magnifiques statues de marbre et d'or élevées
à vos grands hommes, seraient-ils même ency-
clopédistes, constituans ou sénateurs.

. Vous ne voulez pas voir que l'époque
de 1789 a vieilli, que les croyances vous entourent et vous pressent, que la société a besoin d'autorité, qu'elle a soif d'un pouvoir
moral et fort.

Quelle garantie pour un pays quand tous
les intérêts concourent à l'ordre ; quand le
crédit public, les besoins de l'industrie, le
mouvement commercial se rattachent à l'idée
de paix et de repos ! alors on est bien loin
des révolutions. Que les esprits timides se ras-
surent donc : les majorités politiques peuvent encore appartenir à certains préjugés
vieillis, se laisser conduire par une idée
morte, mais tôt ou tard l'esprit de la société

se montrera puissant; cet esprit n'est pas
pour les bouleversemens.

De là ces changemens dans l'école politique; partout vous verrez une renonciation
complète, absolue, à toutes les utopies du
vieux libéralisme, à ses enseignemens de quinze
ans. Les résultats acquis, on veut les garder;
mais toutes ces écoles de liberté indéfinie,
toutes ces théories d'un pouvoir sans bases
et sans puissance d'action, tous ces fallacieux
projets de finances; toutes ces promesses de
réformes impossibles, tout cela on y renonce,
parce qu'on ne veut plus d'illusions. Ce n'est
plus à la licence qu'on court prêter aide, mais
au pouvoir si déplorablement attaqué et meur-
tri dans de récentes luttes, et ceci est une bonne
situation pour la société. L'esprit conservateur
a des forces, il grandira!

Causes qui ont entraîné

LA DISSOLUTION DU MINISTÈRE DE MM. GUIZOT ET THIERS.

Le ministère de MM. Guizot et Thiers est aujourd'hui dissous. Cet événement, depuis longtemps prévu, était dans la force des faits; il s'est accompli comme une de ces fatalités qui tiennent à certaines situations politiques. Encore quelque temps, et la séparation sera plus complète encore.

Car il y a quelque chose de plus bizarre et de plus malheureux qu'un ministère de MM. Thiers et Guizot unis, c'est la position qu'ils tentent l'un et l'autre de se créer aujourd'hui dans la Chambre.

Je pense que l'opinion est assez avancée dans l'étude des faits pour bien comprendre que la conversion des rentes n'a été qu'un accident dans la marche générale d'un système, et qu'il y a eu une cause plus haute et prédominante pour la dissolution du cabinet : cette cause je l'ai depuis long-temps indiquée.

Le ministère de MM. Guizot et Thiers a péri parce que les deux élémens dont il était formé étaient en hostilité permanente. J'hésite toujours à m'expliquer quand il s'agit de questions qui se rattachent aux mystères du pouvoir ; le pouvoir en lui-même est une chose si respectable ! aux temps difficiles où nous vivons, il est si nécessaire qu'on lui porte appui, qu'en vérité on craint de faire un acte de mauvais citoyen en révélant ses embarras, en mettant ses plaies à nu par des révélations intimes.

Le pouvoir, je le répète, c'est la plus grande

garantie du repos des sociétés; sa reconstitution est l'œuvre la plus généralement deman-
dée; tout a grandi, excepté lui; on le pour-
suit, on le harcelle, on le calomnie. Il y a des
garanties pour chaque chose dans la société, excepté pour l'autorité; elle est moralement et
matériellement responsable; elle ne peut faire
un pas sans susciter mille entraves. Qu'on ne
s'étonne donc pas si j'hésite tant avant d'aborder cette grande question du ministère. J'examinerai plusieurs points essentiels qui se rattachent à la chute du cabinet : 1º les causes
philosophiques et politiques de sa dissolution;
2º les causes historiques mal connues, mal ju-
gées jusqu'ici; 3" enfin les fautes que M. Guizot
et ses amis ont commises dans la dernière partie de leur ministère, et qui ont entraîné la
ruine de leur système.

§. Ier

Causes philosophiques et politiques de la dissolution du ministère Guizot.

Pour juger de l'impossibilité du ministère de MM. Thiers et Guizot, il ne fallait qu'un peu pénétrer sa pensée et savoir dans quelle situation se trouvait ce ministère en ce qui concerne la majorité des pouvoirs et la société.

C'était un fait malheureusement certain, perceptible à tous les yeux, que les dissensions fondamentales qui divisaient le ministère de MM. Thiers et Guizot. En suivant avec quelque attention l'histoire des trois dernières années, il fallait se hâter de reconnaître qu'il y avait au fond de ce pouvoir ministériel quelque chose de vicieusement organisé. Qui n'avait suivi cette incessante variation de portefeuilles et de ministres, trois présidences du conseil successives, deux dislocations complètes, des démissions tous les trois mois, non seulement sur des questions capitales, mais sur des incidens qui révèlent des divisions sur l'ensemble et sur les détails du système?

Cet état n'était point normal. Les ministères qu'on appelle de coalition en Angleterre reposent eux-mêmes sur des bases fixes; toutes les questions y sont arrêtées d'avance d'après des conditions invariables; quand un incident arrive, comme il découle d'un principe arrêté, il se décide par la pensée primitive qui a présidé à l'origine du cabinet.

Est-ce là ce qui se produisait dans le ministère de MM. Guizot et Thiers? Le cabinet se composait de personnages politiques qui n'avaient entre eux aucune sympathie, peu ou point de contact; tous avouaient des amitiés et des doctrines différentes; l'édifice gouvernemental marchait comme poussé par le hasard. A chaque crise, on cherchait une solution mo-

mentanée, et quand on l'avait essayée, c'était
tout : on se croyait sauvé.

En fouillant un peu le fond de cette pensée,
on trouvait que la combinaison ministérielle de
MM. Thiers et Guizot, détachée de ses acces-
soires, de ses accidens matériels ou personnels,
se résumait en cette seule idée : « tant que les
deux chefs du conseil s'entendront, tant qu'ils
voudront rester au pouvoir dans la position
respective qu'ils se sont faite, le ministère con-
tinuera d'exister sur ces bases; tous les changemens qui se feront autour, qu'ils aillent jusqu'à la présidence ou qu'ils descendent jusqu'au
ministère du commerce, ne sont que de faibles
accidens dans la marche générale des faits. »

Le ministère se réduisait en deux hommes
se disputant pied à pied le terrain. Lorsqu'un vide arrivait dans le cabinet, lorsqu'une
question se présentait, la seule difficulté des
amis du ministère n'était pas de savoir si tel
choix ou tel résultat convenait au pays; on ne

s'inquiétait que de faire tomber d'accord
M. Thiers et M. Guizot, toujours sur un homme
mitoyen, qui ne décidant pas la question de
prépondérance, laissait les choses dans le *statu
quo*. On ne cherchait qu'à prolonger une situation incertaine; tout le travail était de ménager les amours-propres et les positions politiques; on luttait sur un terrain de finesse,
le plus souvent sans cette haute loyauté politique qui perpétue les alliances dans un cabinet
fortement constitué.

Il fallait moins en accuser le caractère des
personnes que la position qu'on leur avait faite.
Quoi d'étonnant en effet, quand une situation
est fausse, incertaine, que les hommes qui en
sont l'expression ne soient pas toujours dans les
conditions de franchise et d'habileté?

Pauvre pays de France! ce n'était pas assez
que l'école de la Révolution eût jeté le désordre
dans les esprits, il fallait encore que le pouvoir perdît cette puissance morale, ce haut

sentiment de respect et de force qui le constitue en face de la société.

Ce ne sont point ici de vaines allégations, des attaques gratuites contre un système; je me suis donné la tâche d'étudier et d'approfondir les hommes et les choses qui composaient ce ministère; et après cet examen, tout le monde se rendra parfaitement compte de la dernière crise, laquelle a entraîné l'invariable séparation des deux chefs du ministère.

M. Guizot et M. Thiers étaient complètement divisés dans la pensée parlementaire, sur les affaires étrangères, l'action et l'esprit gouvernemental; ils ne s'entendaient ni en économie politique ni en finances; ils n'appartenaient ni à la même école morale, ni à la même école religieuse, ni aux mêmes principes, ni aux mêmes souvenirs, ni à la même histoire.

Or, s'il n'existait aucune analogie sur ces points divers entre les hommes qui composaient le ministère, on s'expliquera très-bien comment ce ministère est tombé en poussière; et si l'on ajoute à cela les antipathies des caractères personnels, les formes, la vie domestique, cette explication deviendra plus simple et plus facile; et pour cela il n'est pas besoin d'un examen passionné, d'une polémique corps à corps qui emprunte les émotions de la presse active et bouillonnante. Je l'ai dit souvent, je n'écris pas de pamphlets.

J'établis d'abord qu'il existait au sein de la majorité dans la Chambre des Députés une division bien marquée, deux côtés parfaitement distincts; M. Thiers et M. Guizot en étaient les symboles politiques. Il y a une chose admirable dans les affaires publiques, c'est que les partis, les coteries mêmes ont un instinct parfait des caractères qui leur conviennent; il est rare ainsi qu'ils ne se personnifient pas dans un type à leur allure, lequel correspond à leurs besoins, à leurs sentimens, à leurs passions mêmes.

Je crois que quel que fût le masque dont ils

pussent se couvrir, quelles que pussent être leurs dénégations, M. Guizot et M. Thiers représentaient dans le ministère les deux fractions que j'ai appelées centre droit et centre gauche, avec leur nuance spéciale du ministérialisme ou de l'opposition. Aux temps ordinaires, on pourrait très-bien s'expliquer une double représentation de ces nuances diverses dans un cabinet; ce serait une combinaison des centres représentés au pouvoir par deux ministres qui en sont l'expression.

Mais ces deux centres partent d'idées trop diamétralement opposées en politique pour qu'ils puissent aujourd'hui entrer en communauté de gouvernement.

Et cela est si vrai, qu'on les voit séparés sur chaque question importante d'administration intérieure et extérieure. Posez au sein de la majorité une de ces difficultés de morale sociale qui s'élèvent de temps à autre, par exemple le rétablissement du divorce, l'abolition de

l'anniversaire du 21 janvier, vous verrez aussitôt M. Thiers et M. Guizot exprimer à la tribune une opinion différente; l'un soutenu par
les deux fractions du centre gauche, l'autre
par ce que j'appelle le centre droit.

Cela se conçoit très-bien; ils n'appartiennent
pas à la même origine parlementaire; les études
de leur vie se sont portées sur des choses,
des événemens et des personnages différens.
M. Thiers a surtout en vue l'école de la révolution française; son orateur de prédilection,
c'est Mirabeau; dans la Convention, il se place
derrière Danton pour l'admirer; il s'est profondément nourri des mouvemens politiques de
cette époque; il ne voit, comme capacité de
gouvernement et d'administration, rien au-delà
de Cambon, de Sieyès; il exalte le Comité de
salut public; il colore Robespierre, Saint-Just
pour élever leurs idées à la hauteur d'un système régulier. Quand il rencontre Bonaparte
sur sa route, il ne prend pas la partie puissante

et haute de ce caractère historique; c'est le côté matériel qu'il encense; la répression militaire lui plaît, et que ne dit pas l'écrivain du 13 vendémiaire et du 18 fructidor? Quant à Bonaparte, il le voit comme le fils de la révolution, et non pas comme un bras providentiel mystérieusement envoyé pour châtier cette même révolution, en reconstruisant les idées monarchiques.

Si vous étudiez au contraire le caractère du talent de M. Guizot, vous trouvez là une méditation systématique sur le parlement et l'histoire de l'Angleterre; il y a un sentiment moral d'études politiques. M. Guizot a tout à la fois haine de l'anarchie révolutionnaire et de la partie soldatesque de Napoléon. Dès qu'il trouve dans sa route ces deux époques, il en flétrit les actes, il s'indigne de ce qu'une nation comme la nôtre fut condamnée à les subir. La prédilection de M. Guizot est pour l'histoire parlementaire de l'Angleterre, pour ce grand spectacle offert par l'aristocratie dans la lutte magnifique qu'elle a soutenue depuis un siècle et demi, et pour ce chiffre de 1688 qui a été l'invariable méditation de son école.

Quand M. Guizot étudie, il ne prend pas la révolution française comme l'inflexible limite au-delà de laquelle il n'y a plus rien ; il remonte aux vieilles origines, il creuse au fond de notre monarchie pour y faire l'éloge de tout ce qu'il y a de liberté et de religion, de droits populaires et de priviléges de la couronne, de loyauté du sujet et de protection du monarque. De là ses justes et sincères éloges pour la forme légitime, de là cette nouveauté d'aperçus qui font des travaux de M. Guizot quelque chose de plus élevé encore que sa carrière politique, noble récompense qui couronne le sentiment moral dans les études historiques.

Prenez au contraire les travaux de M. Thiers; ils appartiennent tous à la vieille école libé-

rale; avec plus d'esprit et plus de netteté, son
Histoire de la Révolution demeure dans le
cercle de l'*Histoire de Napoléon* par M. de
Norvins; c'est le même succès parmi la foule
qui aime les formules populaires et déclamatoires; c'est la même conception de faits, la
même expression de sentimens; ce sont les
mêmes théories d'administration et de politique. Seulement on n'y trouve pas la même in-
nocence de principes. Je crois que M. Thiers,
président du conseil des ministres, regrette
cette première tendance de ses écrits; il est
douloureux d'avoir à châtier, par la juste application des lois, une génération qu'on a soi-
même égarée par un travail d'ailleurs remarquable, au milieu de la médiocrité des écrits
du vieux libéralisme.

Cette différence d'études entre M. Guizot et
M. Thiers les met sans cesse en hostilité de
langage à la tribune; y a-t-il la moindre similitude de formes, d'expressions et de pen-

3 *

sées? Si l'on exalte la révolution française,
les yeux de M. Thiers s'animent; il sent qu'il
va parler de ce qu'il considère comme un beau
mouvement de la civilisation; M. Guizot n'en
parle jamais qu'en se revêtant en quelque sorte
d'un crêpe de douleur; il en rappelle les fautes
et les excès; il ferme ses salons le 21 janvier,
comme une solennelle protestation; il n'aurait
point, comme son collègue, fait abattre le monument religieux là où fut assassiné le duc de
Berry. S'il l'osait, sainte Geneviève remplace-
rait sur l'autel du Panthéon les divinités vieil-
lies et les réputations équivoques; on n'aurait
pas lu sur la façade de Saint-Germain-l'Auxer-
rois l'inscription de mairie du quatrième ar-
rondissement, car M. Guizot sait toute la puissance des idées chrétiennes.

Il y a un principe sur lequel les deux ministres s'entendaient parfaitement, c'était la répression immédiate de tout ce qui troublait
le pays. Il faut rendre cette justice à M. Thiers,

que, pour les mesures matériellement gouvernementales, il est même plus avancé que M. Guizot; et cela parce qu'il a moins de libéralisme réel, et que l'administration absolue des
temps de l'Empire l'a toujours séduit. M. Thiers
a posé la terrible loi de nécessité comme le
principe invincible de tous les événemens. Ce
qu'il a établi en histoire, il l'exécute comme
pouvoir; il ne s'arrête devant aucune bar-
rière, il oserait tout; l'écrivain a bien légi-
timé les journées de mai contre les giron-
dins, le 18 fructidor contre les royalistes! Ce
qui est nécessaire est toujours juste; voilà la
morale de M. Thiers, et c'est pourquoi il frappe
si durement, avec une inflexibilité implacable.
M. Guizot est constitutionnel, M. Thiers révolutionnaire, et ces deux idées se sont long-
temps disputé le cabinet.

Or, l'esprit révolutionnaire n'est pas l'esprit
libéral : l'un est fatal, destructeur, gouverne
les sociétés en les bouleversant; c'est un chan-

gement violent, un système par la force sans
moralité, et ce n'est pas un progrès; l'autre,
quand il est bien entendu, est la juste intelligence de cette faculté indéfinie de perfection que Dieu a mise dans la tête et le cœur
de l'homme. Rien de plus absolu, de plus des-
potique que l'esprit des révolutions; rien de
plus doux, de plus éclairé que l'esprit libéral
d'un gouvernement modérateur.

Ainsi donc, si M. Thiers est gouvernemental, c'est en vertu du principe révolutionnaire;
ceci explique comment le ministre se montre
si dur envers cette génération que ses écrits
ont séduite. M. Guizot est également préoccupé de ramener le Gouvernement à des proportions rationnelles et fortes, mais il est entraîné à ces résultats en vertu d'un principe
austère comme le comprenait Calvin, d'une de
ces missions morales qui ont aussi leur dureté,
leur esprit passionné.

L'un court à l'unité gouvernementale par

habitude de caractère, par la nécessité de sa position; l'autre par la réflexion profonde des maux de l'anarchie. Je m'arrête peu à la cause, puisqu'un résultat commun est obtenu. J'ai eu besoin d'indiquer en quoi différaient essentiellement ces deux hommes politiques au pouvoir. Ils ne s'entendaient ni sur les moyens de gouvernement, ni sur les capacités qu'il faut y appeler, ni sur les principes en vertu desquels l'autorité doit marcher vers l'ordre

En appliquant cette différence de caractère à tous les accidens de la vie ministérielle, on apercevait dans M. Guizot un sentiment plus haut, plus profond de l'indépendance du ministre; M. Guizot semble avoir compris le gouvernement représentatif comme en Angleterre où l'homme d'Etat se ploie difficilement à une volonté qui n'est pas sa propre conviction; M. Guizot était raide pour tous et avec tous, et cette position ne convenait pas à toutes les crises parlementaires.

M. Thiers est facile et souple; il n'a pas
de convictions au-dedans ni au-dehors du ministère; il change avec une extrême mobilité,
il est toujours l'homme de quelqu'un ou de
quelque chose; il ne s'appartient pas. De là
cette agilité pou réchapper à toutes les nécessités du gouvernement représentatif.

M. Guizot sait résister; lui et M. de Broglie
se résignèrent souvent à donner leur démission
soit pour ne pas obéir à d'autres convictions
que les leurs, soit pour ne point subir un vote
de Chambre contraire à leur système. M. Thiers,
au contraire, ne donnait jamais sa démission de
plein gré; il s'arrangeait avec toutes les combinaisons, pactisait avec tous les principes.
C'est un fait à constater, que jamais M. Thiers
n'est sorti du ministère sans agir auprès de
dix coteries différentes pour s'assurer de nouveau un portefeuille; il se présentait comme
l'instrument de tous, comme la plus habile
des consciences et la plus facile des âmes:

demandez au maréchal Gérard, à M. Molé, que
de confidences faites, que de propositions je-
tées en avant ? Et c'est à cette facilité d'esprit
et d'opinion qu'il doit sa fortune politique. On
est difficilement brisé quand on se résigne à
toujours fléchir ?

§ II.

Causes historiques de la dissolution du ministère Guizot et Thiers.

A côté des faits généraux qui entraînent
invariablement un résultat prévu, il y a presque toujours des menées intimes et secrètes,
des causes mystérieuses qui hâtent plus ou
moins le dénoûment de la crise.

J'ai rappelé dans un livre récent * les causes
qui séparaient les doctrinaires de l'opinion des

* Le Gouvernement de Juillet, les Partis, les Hommes politiques (1830–1835).

hommes politiques. Cette séparation est plus prononcée encore, s'il est possible, entre M. de Talleyrand, M. de Broglie et M. Guizot.

M. de Talleyrand aime surtout les caractères qui ne se posent pas tout d'une pièce dans les affaires; il a toujours eu prédilection pour les gens d'esprit, d'une vie politique facile, se faisant ses agens sans volonté et sans autre conviction opiniâtre que la sienne propre. C'est ainsi qu'il employa successivement M. de Laborie et M. de Montrond; M. de Laborie, si spirituellement actif, fut secrétaire-général du gouvernement provisoire; c'était pour le temps une place peut-être aussi haute que celle qu'occupe M. Thiers; M. de Vitrolles lui-même, avec des nuances plus royalistes, lui succéda, et M. de Talleyrand l'appelait à remplacer M. Maret à la secrétairerie d'Etat, qu'on voulait rétablir; c'étaient alors des espèces de premiers ministres que M. de Talleyrand faisait agir à ses fins.

Aujourd'hui on peut justement supposer que
M. Thiers est l'homme de confiance de M. de
Talleyrand, trop habile pour se mettre en nom
à quatre-vingt-un ans. Je ne crois pas que les
plus ardens amis du ministre soutiennent que
M. Thiers soit exclusivement pour son compte
aux affaires étrangères; or, comment M. de Talleyrand est-il arrivé à ce résultat? par quelles
causes est-il parvenu à dominer le parti doctrinaire et à lui arracher les affaires du pays? voilà
ce que peu de personnes savent, et ce qu'il faut
essayer de résoudre.

Lorsqu'en 1834 le ministère Melbourne succéda en Angleterre au ministère de lord Grey,
création de M. de Talleyrand, l'ambassadeur de
France, l'auteur et le promoteur des conférences de Londres, s'aperçut que son influence allait lui échapper. Ce ne fut point à cause d'une
puérile question d'amour-propre, comme on
l'a dit, entre lui et lord Palmerston, mais à
cause surtout de la situation nouvelle des af-

4

faires d'Angleterre. Lord Grey était l'expression
des whigs modérés, lord Melbourne avait besoin d'O'Connell pour marcher; il était invariablement entraîné vers le whigisme radical.
M. de Talleyrand dut juger que son crédit se
perdait auprès du parlement, et il revint
sur le continent avec la ferme résolution
de se créer encore une position diplomatique
sur un théâtre mieux en rapport avec ses
projets. La sagacité de son esprit aperçut que
l'Angleterre ne pouvait plus jouer qu'un rôle
belliqueux dans les affaires de l'Europe, et
la paix était nécessaire à l'avenir de la France.
Il jugea la collision inévitable entre la Russie
et le cabinet de Saint-James, et une position du
milieu pour éviter la guerre lui parut une heureuse innovation : il jeta les yeux sur l'Autriche.

Qui ne se rappelle la lettre qu'écrivit M. de
Talleyrand pour donner la démission de son
ambassade! A travers les formes mesurées de son
style, l'ambassadeur signalait les mécontente-

mens qu'il éprouvait de la tournure que semblaient prendre les affaires d'Angleterre. La pensée de M. de Talleyrand fut dès lors de se poser
sur le continent de manière à reconquérir son
importance ; et dès son arrivée à Paris, il eut
la pensée d'aller à Vienne pour y concerter
avec le prince de Metternich un congrès où
seraient traitées les questions d'Orient.

En même temps il s'attacha de plus en plus
au caractère politique de M. Thiers, à cette
fortune hardie, qui lui plaisait même dans
l'élasticité et la souplesse de ses moyens ; il en
fit son instrument dans le conseil.

Par contraire, les doctrinaires se tinrent sous
leur tente, et virent en M. de Talleyrand un
ennemi personnel, habile, qui tôt ou tard écla-
terait ; ils le visitèrent beaucoup, cherchèrent
à l'entraîner ; mais par cela seul qu'ils avaient
une volonté à eux, et qu'ils croyaient tout-à-
fait à l'alliance anglaise, le rapprochement était
impossible.

Lors de la crise de novembre 1834, M. de Talleyrand avait déjà voulu mettre ses projets à exécution; la tentative de placer M. Bresson aux affaires étrangères fut tout-à-fait inspirée par le prince. M. Bresson est de son école; il était homme sans importance, et par conséquent l'instrument docile de ses desseins; M. de Talleyrand ne prenait pas M. Maret au sérieux : le tiers parti, comme toujours, jouait ici un rôle dont il ne comprenait pas la portée.

Cette tentative échoua. M. Thiers n'avait pas cru le moment arrivé pour se séparer de M. Guizot; il ne se sentait pas assez fort dans la Chambre; lié à toutes les intrigues sans prendre un parti déterminé, il rentra donc dans la combinaison transitoire qui porta le maréchal Mortier aux affaires; plus tard il subit même avec résignation la présidence du conseil de M. de Broglie.

Cette présidence fut le triomphe complet du système doctrinaire, avec la toute-puissance

de M. Guizot; M. Thiers ne fut plus qu'une
représentation parlementaire dans le conseil;
on l'y garda comme l'âme d'une coterie de
Chambre. On voit aussi à cette époque M. de
Talleyrand se retirer tout-à-fait de la scène politique; il quitte Paris avec ostentation; l'homme
de la vie publique et active va chercher la solitude et les ombrages frais. Cette absence si-
gnale la domination des doctrinaires, et les
mécontentemens du vieil ami de M. Thiers.

Cependant tout espoir n'est point perdu encore; plusieurs tentatives sont faites. On essaie
différentes démarches, mais la présidence du
maréchal Soult, qui semble imposée par le tiers
parti, arrête les résultats d'une combinaison
politique en dehors des doctrinaires; on marche
d'accord vers un système répressif; l'alliance
anglaise se développe.

L'attentat du 28 juillet grandit la puissance
morale des doctrinaires; car cet attentat était
produit par la perversité des idées révolution-

naires; il en résultait un affaiblissement de tous les hommes qui étaient demeurés debout comme l'expression de ces idées. M. Thiers, pour se sauver, fut donc obligé de s'associer, sans conditions comme sans liberté, au système fortement répressif imposé par l'esprit conservateur. Il porta hautement la parole à la tribune; il y prit des engagemens.

A cette époque, une modification parlementaire se manifesta; dans l'étonnement et l'indignation qu'avait inspirés l'affreux attentat, une certaine fraction des députés modérés s'était détachée de l'opposition et du tiers parti pour voter les lois répressives; tels étaient MM. Sauzet, Passy, Pelet (de la Lozère), et d'autres noms encore; c'étaient des hommes de quelque valeur. Ils devinrent donc une opinion mixte à laquelle on put songer pour préparer une combinaison ministérielle en dehors du parti doctrinaire; ces députés n'étaient point assez habitués aux affaires pour deviner la portée d'un projet politique dans lequel on les ferait entrer comme auxiliaires, et non point comme tête d'un système.

M. Thiers, à cette époque, était très-abaissé dans l'opinion; l'affaire de Grandvaux, à dessein exagérée, l'avait presque brouillé avec le tiers parti, qui prit à plaisir de le flétrir. La destitution du maire de Thorigny avait invariablement rompu toutes les relations du ministre et de M. Odilon Barrot. M. Thiers donnait ainsi chaque jour de nouveaux gages aux doctrinaires, qui, à leur tour, le protégeaient publiquement comme un de leurs adeptes; le *Journal des Débats* lui prodiguait l'éloge. M. Thiers n'avait pas cessé pourtant ses intimités avec M. de Talleyrand, qui travaillait sous main la ruine de M. de Broglie et guettait toutes les circonstances.

En ouvrant la session de 1836, les doctrinaires semblaient maîtres complets de la Chambre; ils en dominaient la majorité,

quand surgit la crise de la conversion, coup
prévu et réfléchi, qui plaça le ministère
dans une position fort délicate. A l'origine,
M. Guizot n'avait pas une opinion complètement arrêtée sur la conversion; mais par des
considérations et des ménagemens envers la
population de Paris et la garde nationale, on
s'était fait un devoir de ne toucher qu'avec
précaution cette question des rentes. Les doctrinaires firent donc de cette conversion une
question de cabinet, et l'on sait comment les
démissions furent données en masse par suite
du vote de la Chambre. Ici se place une circonstance assez curieuse, que le maréchal
Maison peut confirmer, c'est que le plus ar-
dent des démissionnaires fut M. Thiers; il s'agi-
tait violemment pour que toutes les démissions fussent données immédiatement; il y entraînait ses collègues, et pendant qu'il témoi-
gnait ainsi un profond dégoût des affaires, il
se faisait l'agent actif d'une négociation pour

former un nouveau cabinet. Ce fut alors que
tous les ministres sortans prirent l'engagement
simultané de ne point rentrer aux affaires les
uns sans les autres. C'était puérilité sur ce point
de se fier à la parole de M. Thiers ; il fallait que
M. Guizot fût bien mal informé des démarches
de ce ministre auprès de M. de Talleyrand et
des conventions arrêtées entre eux.

M. de Talleyrand en effet, à l'aspect de la
nouvelle crise ministérielle, avait cherché à
rendre définitive la chute des doctrinaires, pour
préparer le triomphe de son influence et de ses
idées diplomatiques. Depuis son retour d'Angleterre, le salon de M. de Talleyrand s'était
fortement rapproché de l'Autriche ; l'alliance
des familles de Dino et Esterhazy, l'idée de
tenir un congrès à Vienne, toutes ces circonstances flattaient singulièrement les idées du
prince, et ce qu'il n'avait pu exécuter en novembre par le moyen de M. Bresson, il songea
à l'effectuer par la nouvelle crise ministérielle,

en élevant M. Thiers, sous sa protection, à la présidence du conseil et au ministère des affaires étrangères.

De là ces difficultés opposées à toutes les combinaisons un peu fortes, un peu tranchées qui se présentèrent pour remplacer les doctrinaires; on se renfermait dans un système invariablement arrêté, et dans certains choix politiques qu'on devait accepter préliminairement à toute pensée de former un cabinet. On jeta donc sur M. Molé comme sur d'autres un empêchement moral pour tout ce qui sortait d'un certain cercle d'idées.

Une fois la combinaison du salon Talleyrand admise comme une nécessité, on n'eut plus qu'à la compléter par l'adhésion des noms propres pris au sein de la Chambre, lesquels pouvaient continuer le système sans changer l'essence de la majorité; car il faut savoir que si les doctrinaires déplaisaient comme personnes, ils étaient au contraire secondés

et applaudis pour leur fermeté et leurs idées
politiques, et en effet eux seuls avaient des
principes véritables de gouvernement et d'administration.

A quelle fraction de la Chambre s'adresse-
rait-on pour les remplacer? On ne pouvait aller
droit au tiers parti ni à M. Odilon Barrot; alors
ceux-ci avaient leurs exigences, leur dureté; ils
voulaient le maréchal Soult, l'amnistie, et la
modification au moins des lois de septembre.

Il y avait à côté une fraction douce, inoffensive dans la Chambre, celle de MM. Passy et
Sauzet; elle avait voté les lois de septembre;
elle différait avec les doctrinaires sur le point
capital de l'amnistie et de la conversion, mais
elle était flexible et pouvait se ployer à tout;
elle pouvait accepter la présidence de M. Thiers,
et surtout elle s'inquiétait peu du triomphe des
idées de M. de Talleyrand aux affaires étrangères; c'était l'essentiel.

Il était facile de faire croire à cette fraction

de la Chambre qu'il s'agissait d'un changement véritablement parlementaire, qu'elle donnait l'impulsion, tandis qu'au fond elle la recevait : MM. Passy, Sauzet et Pelet (de la Lozère) n'étaient donc qu'une certaine manière de compléter et de mettre en rapport avec la Chambre les pensées du salon de M. de Talleyrand : on se crut tête du conseil, et on n'était qu'auxiliaire.

Le changement du ministère est donc moins parlementaire que diplomatique; les Chambres peuvent l'accepter sans doute; MM. Passy et Sauzet peuvent, à l'aide de leur influence, prendre la haute main, mais le ministère n'est point leur ouvrage; l'idée première a été un coup politique contre M. de Broglie et les doctrinaires, afin d'avoir une plus entière liberté dans les systèmes de l'extérieur. On y a réussi.

§ III.

Fautes de M. Guizot dans la dernière crise ministérielle.

Dans le mouvement politique qui vient de s'accomplir, tout ne doit pas être imputé aux circonstances, à cette impérieuse nécessité qui domine les hommes; il faut faire la part des fautes personnelles, il faut dire sans hésitation comment M. Guizot a perdu la belle partie qu'il avait devant lui.

J'ai défini le caractère de l'école doctrinaire; il y a dans cette école du bien et du mal, une grande force de cohésion, une intelligence plus haute des questions politiques, un instinct de force et de gouvernement qu'on ne rencontre pas dans cet éparpillement d'opinions de toutes nos fractions parlementaires.

Mais les doctrinaires, à côté de leurs qua-

lités intimes, ont aussi leurs défauts, et
MM. Guizot et de Broglie plus encore que
tous les autres; tous deux ont une tendance à
croire à leur infaillibilité; ils reviennent rarement sur ce qu'ils ont conçu; il faut qu'on
aille à eux, car ils ne vont à personne;
leur supériorité d'intelligence est une domination absolue qu'ils imposent à tous comme
un joug invariable. C'est une grande force
qu'une association, mais quand celle-ci devient
secte, quand elle reçoit d'un ton superbe les
conseils, quand elle n'accueille que les hommages, quand il faut s'inféoder à elle pour
obéir à toutes ses inspirations, alors cette association perd en popularité extérieure ce qu'elle
gagne en énergie comme corporation.

Tel est le vice de l'organisation doctrinaire;
M. Guizot et M. de Broglie ne pouvaient pas
se le dissimuler, ils n'étaient point aimés
à la tête du pouvoir; on estimait leur caractère, on se servait au besoin de cette con-

science de répression qu'ils possèdent comme
un sentiment naturel, mais ils n'inspiraient, à
côté de l'estime, aucun de ces sentimens chaleureux qui perpétuent les grandes existences
ministérielles.

Les corps politiques aiment un peu ce laisser-aller qui se communique à eux; en échange
du vote qu'ils donnent, ils appellent autre
chose que cette supériorité qui se proclame infaillible; alors on les blesse plutôt qu'on ne les
domine. M. Guizot avait trop souvent imposé
des votes de confiance; il s'était trop proclamé
comme une nécessité inflexible. Avec peu de
liant dans les manières, M. Guizot est actif dans
ses démarches, poli dans l'expression, mais d'une
politesse qui garde et montre trop sa domination; entre la camaraderie spirituelle et vaga-
bonde de M. Thiers et l'austère supériorité de
M. Guizot, il y a un milieu, et c'est ce que le
ministre ne savait pas précisément comprendre
et choisir. M. Guizot s'agite pour conquérir des

suffrages ; il est trop superbe pour se communiquer à eux et les attirer par une communauté d'actes et de sentimens.

D'un autre côté, M. de Broglie était un embarras pour M. Guizot. Il n'y a rien de plus honorable et de plus haut sans doute que la noble amitié qui unit ces deux hommes ; en face des oublis de M. Thiers, sacrifiant tous ceux qui l'avaient élevé, M. Laffitte lui-même, il y a quelque chose de touchant dans cette reconnaissance de M. Guizot pour le chef d'une famille à laquelle il doit beaucoup. Mais il faut se hâter de le dire, M. de Broglie était en complète répugnance à la Chambre des Députés ; c'était un grand seigneur, et l'école bourgeoise n'en voulait pas. Les études de M. de Broglie n'avaient rien de pratique ; ses méditations s'étaient appliquées à un ordre d'idées tout-à-fait en dehors de l'aptitude matérielle des affaires. M. de Broglie avait la parole prompte ; la loyauté de son caractère l'engageait même à des aveux imprudens; la tenacité de ses convictions le poussait à des mesures entêtées et fâcheuses qui hasardaient les relations à l'extérieur; il n'avait rien de souple et de ployant, il marchait avec une conscience altière.

M. Duchâtel avait acquis plus de popularité; en se l'associant, M. Guizot avait voulu donner un gage au mouvement industriel dont *le Globe* avait été l'expression avancée; mais M. Duchâtel s'était laissé entraîner vers des mesures qui compromettaient les existences de la partie propriétaire de la Chambre des Pairs et de la Chambre des Députés; il conquérait à peine l'appui du parti aventureux de l'école de M. Say., et il trouvait devant lui, comme autant d'obstacles et d'ennemis, les propriétaires de forges, de bois, les grandes industries prohibitives qui dominent dans les deux Chambres.

Les amitiés de M. Guizot étaient un des embarras de sa situation personnelle; ce n'était point assez des aspérités de son caractère,

5

il fallait qu'il subît encore les fautes de ses
amis, la raideur de M. de Broglie dans les
négociations, et les hardiesses industrielles de
M. Duchâtel, séduit alors par une popularité
de journaux.

Toutefois, les choses étaient telles, après le
vote des lois de septembre; il y avait un tel
mouvement contre l'esprit révolutionnaire, un
si unanime concours des Chambres pour seconder le retour du Gouvernement vers les
principes d'ordre éternel, qu'il était probable
qu'on pourrait faire triompher un système complet dans le sens de M. Guizot.

M. Thiers était si affaibli après l'affaire de
Grandvaux, il était si profondément attaqué
par l'opinion, qu'on ne devait pas hésiter à se
séparer de lui. Il se manifestait dans la société un religieux retour vers les principes
d'unité monarchique; l'aspect d'une si grande
perversité avait comme poussé la politique
vers Dieu. Il fallait que M. Guizot résolût

fermement de se séparer de M. Thiers, de
le refouler ainsi vers l'opposition du tiers
parti, en associant alors un ou deux noms
de Chambre à son système, en adoptant
M. Sauzet, par exemple, qui ne demandait
pas mieux. M. Guizot aurait pu se passer
d'un collègue qui faisait acheter ses services
par des négociations avec tous les partis. On
conserva M. Thiers, et bientôt on s'aperçut
que ce collègue, qu'il eût été si facile de sacrifier, trouvait appui dans la presse; il faisait
intriguer sous main contre le parti doctrinaire, auquel il s'associait comme pouvoir.

Une circonstance révéla cette situation com-
plexe; ce fut à la suite d'un changement de
fonctionnaires publics, préfets et sous-préfets,
mesure qui devait servir de drapeau pour un
rapprochement avec les opinions propriétaires
du centre droit. M. Thiers fit ses choix à l'en-
contre pour ainsi dire de ses collègues, et
M. Guizot eut la faiblesse de lui laisser passer

cette liste sans lui imposer ses propres convictions et ses amis naturels.

La session s'ouvre; M. Dupin avait fait de l'opposition plus ou moins ouverte contre le système; il s'était mis en dissidence avec le conseil et la majorité; il fallait que ce conseil osât l'exclure de la présidence, qu'il manifestât ainsi la ferme volonté de marcher dans une voie droite et nettement dessinée. Au lieu de cela, on pactise, on fait concessions sur concessions, on montre de la faiblesse à tous les actes; et quoi d'étonnant dès lors que la majorité hésite, qu'elle n'ait plus cette ferme foi dans un système qui tâtonne et n'ose point prendre un parti contre M. Dupin!

Une faute entraîne à une autre encore. Cette majorité hésitante déjà, on la bouleverse par faiblesse ministérielle sur l'amendement relatif à la Pologne. Il fallait que le conseil tout entier osât et vînt dire que c'était là une phrase qui n'avait pas un sens précis, et qu'il était impossible de la voter dans une adresse sans compromettre les relations extérieures. Eh bien! on laisse encore morceler la majorité, on abandonne les coteries diverses à leur propre impulsion, on accouple pêle-mêle les opinions les plus divisées, on s'occupe à peine de l'esprit et de l'avenir de la majorité.

Que résulte-t-il de là ? que ce grand groupe qui formait la force du ministère hésite, ne sait plus quel système il doit suivre, quel sentiment il doit préférer.

Cette anarchie dans les opinions passe au sein du conseil même. C'est un véritable phénomène d'étourderie, en effet, que tout ce conseil de ministres n'étant point instruit d'un exposé de motifs du ministre des finances, ne discutant pas à l'avance la difficulté financière qui va inévitablement surgir au milieu de la session, n'ayant pas une campagne arrêtée sur le plus grand amendement du budget.

C'est la tribune que l'on rend confidente de

cette division ; les ministres récriminent les uns contre les autres. Quel spectacle aux yeux du pays ! quelles tristes puérilités que ces petits reproches que des hommes politiques se jettent à la face ! «Lavons notre linge sale en famille», dit Napoléon au Corps-Législatif; et il avait raison. Il était inconcevable qu'on mît le pays dans la confidence des misères du cabinet; on prêtait force à ses ennemis.

Dès ce moment le ministère n'était plus; c'était l'anarchie dans le pouvoir, la plaie la plus profonde qui puisse menacer un pays ; et c'est pourtant encore tout flétri de cet échec que le ministère ose se montrer exigeant aux yeux de la majorité, et lui demander un vote impératif, comme s'il était uni et fort.

C'était une coutume introduite par M. Périer que de provoquer, à chaque grande phase de son pouvoir, un vote de confiance de la part de la Chambre des Députés. Dans l'état de confusion et de désordre où la révolution avait jeté

les esprits, il était utile de tenter ces épreuves qui ramenaient violemment les majorités à
la forte pensée du Gouvernement. Mais dans
cette circonstance, à côté de l'usage, il fallait
craindre l'abus; les majorités ont souvent le
sentiment de leur force; il ne faut pas qu'on
les blesse en s'imposant à elles trop impérieu-
sement. C'est un jeu trop dangereux pour que
le pouvoir l'essaie avec fréquence.

Aux jours de crise, cela se pardonne; pour
des questions décisives et d'intérêt gouvernemental, cela se conçoit. Les esprits alors, puissamment préoccupés, sous l'empire d'une
terreur solennelle ou d'un sentiment du
bon ordre, peuvent s'annuler pour se confondre de confiance avec la pensée du pouvoir; mais s'il s'agit d'une question acciden-
telle, d'un point d'une importance secondaire
et d'application administrative, alors c'est
une grande faute de s'imposer ainsi à la majorité, car elle vous répond : « Que devient ma

liberté, mon indépendance, ma considération politique?»

L'école doctrinaire avait trop usé de ces offres de démission, lesquelles accompagnaient toujours la demande d'un vote; elle avait trop imposé ses idées à la souveraineté parlementaire. Ceci allait bien, tant que la Chambre a eu peur, tant qu'elle a été préoccupée des craintes d'émeutes et de désordre. Du jour qu'il ne s'est plus agi que d'affaires, que d'économie politique ou de finances, il a été singulier de faire une question de cabinet de la conversion des rentes, d'un incident au budget, et de jeter ainsi ses portefeuilles à la tête de la Chambre pour un simple point de finances.

Quelque modeste que puisse être une assemblée, elle ne subit pas le joug sans murmure et sans résistance; les doctrinaires ont multiplié les répugnances qui existaient contre eux; ils se sont crus sûrs, parce qu'ils avaient la parole de M. Thiers de ne point entrer dans un cabinet;

ils n'ont rien osé, ni la dissolution de la Chambre, ni une alliance avec les saines doctrines du pays, ni l'entreprise plus hardie de s'asseoir de nouveau dans le conseil, en s'associant quelques hommes d'une importance politique à la Chambre des Pairs et à la Chambre des Députés. Ils ne sont venus à personne, comme si leur position était assez haute pour que les hommes de quelque valeur trouvassent gloire à s'élever jusqu'à eux. C'est cet inflexible orgueil qui perdit l'école doctrinaire et le fameux canapé sous M. Decazes, et recula ses destinées de quelques années. C'est encore cet inflexible orgueil qui, sous le ministère Richelieu, jeta le pouvoir dans les mains de la droite; les doctrinaires refusèrent de prêter aide et appui à l'école politique; c'est encore cette fierté blessée qui jeta M. Guizot, homme de gouvernement et d'ordre, dans la société presque clubiste *Aide-toi, le Ciel t'aidera*. L'esprit élevé de M. Guizot l'appelle au grand œuvre

de la reconstruction sociale et du Gouvernement monarchique; mais ce ne serait pas le
premier parmi les esprits d'élite que le sentiment de leur valeur individuelle aurait engagé
dans de fausses voies, dans de déplorables aber-
rations. La grande position de M. Guizot mérite qu'on la touche de près, qu'on le suive dans
la Chambre, dans le pays, qu'on apprécie enfin
son action parlementaire sur toutes ces institutions qui agissent sous l'empire de la Charte.

Les deux Chambres.

L'ÉTUDE des pouvoirs politiques, de leur tendance et de leur but est un devoir de la presse sérieuse. Ces pouvoirs ont été assez attaqués par l'esprit de faction, par cette opposition ardente qui ne respectait rien : on arrive aujourd'hui aux conditions plus légitimes de la discussion constitutionnelle; celle-là seule est utile et légale.

Un fait remarquable a dû être observé comme un symptôme; depuis quelque temps il s'attache moins d'intérêt aux débats des Chambres; on les lit à peine dans les journaux; les

feuilles publiques sont arrivées à ce point de
se demander si elles ne doivent pas abréger
ces séances qui remuaient autrefois si profondément les esprits. Ce n'est pas qu'il y ait vide
de discussions politiques au parlement; toutes
les questions ont été remuées, aussi bien
celles qui touchent à la liberté des personnes
que les points qui se rattachent à l'indépendance
de la pensée; des votes sérieux ont été donnés; il y a eu des mouvemens parlementaires
importans; eh bien! le public a fatigue de
tous ces débats; il a hâte d'en venir aux chiffres du vote, il ne s'en inquiète même pas beaucoup; et l'on se contente déjà d'analyser les
débats des Chambres comme on le faisait sous
l'Empire pour les discussions du Corps-Législatif, alors que la question sociale et gouvernementale était placée en dehors de la délibération publique.

Qui ne se rappelle les vives émotions qu'exci-
taient les discussions de la Chambre des Dépu-

tés de 1820 à 1829, immense période du gouvernement représentatif? Combien de nobles
fronts se couronnaient des palmes de la tribune,
combien les opinions aux prises dans la grande
arène légale des débats, se heurtaient en face
du pays vivement ému? Combien les salons
politiques aux étincelantes bougies voyaient
se grouper majorités, minorités, discutant
encore, haletantes, sur un vote qui tenait à
l'éloquence de MM. de Serres, Pasquier ou du
général Foy, et de Camille Jordan, de M. de
Martignac ou de M. Benjamin de Constant?

Quelle différence aujourd'hui! est-ce ennui
du gouvernement représentatif? je ne le crois
pas; car, quelles que soient les opinions diverses sur le mode et les formes de détail de
ce gouvernement, tous les bons esprits reconnaissent qu'il faut une représentation au pays.
Qui pourrait nier la puissance des discussions
politiques sur la marche générale des affaires?
qui pourrait mettre en doute les bienfaits d'un

système où tous les pouvoirs concourent à ce qui est bien et bon?

Où donc chercher la cause de cette indifférence publique? Qui a amené ce dégoût des matières politiques, cette sorte d'abdication des sentimens ardens et passionnés pour les paroles de tribune?

Cette cause, la voici peut-être : les factions ont usé les questions de parlement, en les traînant sur la place publique. Aux temps où aucun parti n'osait se dire en dehors des institutions et s'y montrer par des entreprises fatales, on avait vainement cherché dans le désordre une solution aux questions de la Charte; ces tentatives insensées n'avaient point ému les masses. Depuis cinq ans la tribune et les comptes-rendus ont servi trop souvent d'auxiliaires aux partis; les grands éclats de l'art oratoire ont été suivis si souvent de démonstrations hostiles à l'ordre public et aux principes des sociétés, que les bons esprits redoutent les débats orageux de chaque session; on craint les trop vives questions politiques, l'émeute, les entreprises perverses des factions. On a fatigué la liberté légale au bruit des attentats révolutionnaires.

Il y a des intérêts bien plus puissans; on désire conserver sa fortune; la société veut préserver son bonheur matériel, dont elle est à peine en possession; tout éclat importune, parce qu'on a peur de perdre ce qu'on a conquis avec tant de sueurs. On n'attache plus le même intérêt au spectacle des débats législatifs; la session n'est plus attendue; le pays est tranquille quand elle est finie; on la voit s'accomplir avec satisfaction. Ensuite, les majorités peut-être ne sont-elles plus parfaitement l'image de l'esprit de la société; je parle ici surtout de la Chambre des Députés, qu'une loi d'élection, reposant sur un principe trop exlusif, n'a pas assez identifié avec l'esprit, l'intelligence et la propriété. Qui nie les services

rendus par la majorité dans les circonstances difficiles que nous avons traversées? Mais ces services n'excluent pas l'opinion assez générale
que les bases de la représentation politique ne
sont pas exactement proportionnées aux intérêts divers et si variés de notre société.

Dans cet affaissement de l'esprit public, quelque chose de discrétionnaire se rattache au
pouvoir; on lui demande de veiller pour tous,
de conduire en bon port cette société froissée,
battue par la tempête publique. La mission du
pouvoir doit être d'en user sans en abuser;
c'est le grand rôle que joua Napoléon sous le
Consulat; il fut plus jeune que cette vieille
queue de république et de désorganisation qui
l'entourait; il comprit l'esprit et l'avenir du
pays, et voilà ce qui fit sa force. Il osa marcher vers le bien ; il faut souvent une grande
puissance d'âme pour l'oser.

Dans les rapports des deux Chambres, il
s'opère aussi une modification. Les opinions

du programme avaient cherché à rabaisser la pairie à ce point qu'on avait mis en question ses vieux services, ses droits, son origine. On plaçait la véritable représentation politique dans un seul des pouvoirs; on l'engageait à proclamer son exclusive souveraineté; à peine daignait-on solliciter une sanction de la pairie. Aujourd'hui, je ne sais si je m'illusionne, mais il semble que la Chambre des Pairs a bien grandi; peut-on dire la même chose de la Chambre des Députés? serait-ce encore ici un hommage à ce principe éternel, qu'en définitive la capacité et l'habileté doivent rester maîtresses des affaires?

Il y a dans la société française une haute éducation politique qui ne permet pas à ce qui est médiocre et vulgaire de dominer longtemps l'opinion; on juge tout, on ne subit rien : le pouvoir ministériel, les Chambres comme la presse. Il faut sortir du vague et de la déclamation, pour arriver enfin au positif.

6

C'est ce qui produit cette réaction même trop sévère contre les journaux. Ce qu'ils ont dit pendant vingt ans a vieilli; il faut qu'ils se transforment s'ils veulent que la société leur appartienne encore; ils en sont au dix-huitième siècle pour la littérature, et de vingt ans en arrière pour la politique. Les assemblées sont un peu comme les journaux, et cela explique pourquoi la jeune génération ne va plus à elles qu'avec méfiance.

La négligence s'est même glissée parmi les membres des deux Chambres; on n'assiste plus aux séances avec la même assiduité; on se trouve en nombre à peine. Dernièrement, pour arriver au chiffre légal d'un scrutin de jugement, il a fallu dans la Chambre des Pairs recourir à des moyens extraordinaires, convoquer les ambassadeurs de quelques cents lieues. L'appel nominal montre chaque jour dans la Chambre des Députés d'innombrables places vides; on déserte pour le plus petit intérêt,

pour le soleil naissant de mars ou les travaux
de l'agriculture. D'ici à quelque temps, peut-
être faudra-t-il une loi qui abaisse le nombre
des membres nécessaires pour délibérer. Cela
s'est vu avant la grande lutte des tories et
des whigs en Angleterre; jamais le parlement ne se trouvait au complet; mais en Angleterre la Chambre des Lords elle-même
compte un plus grand nombre de membres
que notre Chambre des Pairs, et les Communes sont également plus peuplées que la
Chambre des Députés. Depuis quelques années
toute indifférence a cessé; comme aux beaux
jours de Pitt et de Fox, on se dispute pour
quelques voix; tories et whigs se font un devoir
d'assister au parlement.

Chez nous, un mouvement opposé s'opère;
après la peur, l'indifférence nous gagne; la
Révolution a produit un résultat tout contraire
à son principe; elle a attiédi l'élément populaire et la presse. C'est le résultat inséparable

des vives commotions; et puis cette conviction
se manifeste : « qu'il ne peut plus y avoir de
luttes animées sans dangers là où existe le principe de la souveraineté populaire plus ou moins
déguisé.» Tout devient timide, alors qu'on craint
de toucher des questions qui se lient aux bouleversemens; depuis deux ans, on a peur même
de prononcer le mot *révolution*. A tous ces
vieux termes on a substitué l'expression *progrès,*
idée vague, comme si ce monde n'était pas toujours un retour des mêmes idées, un mouvement de civilisation qui se retourne sur lui-
même ! Il y a des progrès surtout rétrogrades;
et par exemple, serait - ce véritablement un
progrès que de revenir aux idées politiques
et administratives de 1789 ? On emploie ce
mot *progrès* dans le système industriel comme
dans le système politique, dans l'impuissance
de rien définir exactement et de préciser quelque chose avec netteté. Et qui peut jamais
deviner l'avenir des peuples ? Il y a sans doute

dans l'âme humaine une infinie puissance
de perfection; la civilisation chrétienne vaut
mieux que la civilisation antique avec ses
esclaves, ses femmes humiliées, ses parfums
pour le vice, ce monde agenouillé devant un
vainqueur impitoyable qui appelait des populations à payer de leurs sueurs les immenses pyramides, Babylone superbe, Rome
avec ses aqueducs, ses cirques et ses temples;
mais certes, entre la civilisation monarchique
et la civilisation révolutionnaire, où est le
progrès? Qui a fait plus marcher les idées
saines et fécondes, Napoléon, le Comité de
salut public ou le Directoire; la Restauration
ou le programme de l'Hôtel-de-Ville; le système décousu du premier ministère Laffitte
et Dupont de l'Eure, ou les formes monarchiques enfin fortement et noblement adoptées
par M. Périer et les doctrinaires depuis deux
années?

Ainsi ce qui a fait prendre en méfiance le

ministère de M. Thiers, ce n'est point son personnel; au milieu des grands intérêts du pays, que peuvent quelques noms propres? Au temps où nous vivons, les ministères ne sont pas choses tellement hautes et douces qu'on puisse bien vivement les ambitionner; ce qui donc a vivement préoccupé les esprits, c'est la crainte profonde d'un retour vers toutes ces idées dont une haute sagesse nous avait préservés.

Dans l'examen de nos pouvoirs constitutionnels il y a un premier fait à constater, c'est l'immense différence d'esprit, d'idées, de conviction politique qui sépare les deux Chambres; jamais assemblées ne différèrent autant de capacités, de lumières et d'éducation parlementaires. Sans doute cette situation doit se produire inévitablement entre deux pouvoirs d'une origine si distincte, d'un personnel aussi différent. Toute constitution présente une dissidence d'esprit entre les branches de la législature, mais jamais dans des termes aussi for-

mels. La Chambre des Lords n'a pas la même
tendance que la Chambre des Communes, cependant la pairie dispose dans ces Communes
d'une minorité puissante qui ne cède aux whigs
que de quelques voix. Et d'ailleurs ce duel politique dans la Grande-Bretagne doit avoir une
fin; les jours brillans de l'Angleterre se sont
développés sous l'empire de cette admirable
constitution qui faisait des Communes l'expression du mouvement agricole sous le patronage des Lords. C'est alors que la grande
pensée de Pitt sauvait l'Angleterre d'une sujétion fatale devant la gloire conquérante de
Napoléon, temps merveilleux, où l'institution
aristocratique se déployait là avec ses forces et
ses magnificences.

Il faut que tôt ou tard l'esprit des deux
branches de la législature s'harmonise davantage
en France; il faut surtout que la souveraineté
de la Chambre des Députés se confonde dans
le concours légitime des trois pouvoirs. La

constitution n'a pas institué une seule Chambre, mais une royauté avec ses prérogatives puissantes, une pairie avec l'esprit qui lui est propre, et une Chambre des Députés qui n'a et ne peut avoir qu'une portion d'initiative et de contrôle sur les deux autres fractions du pouvoir.

Pour bien apprécier cette situation, il faut d'abord juger l'esprit et la composition des deux Chambres; je le ferai sans préventions, comme l'histoire pourrait le faire elle-même, en conservant ce respect pour les institutions de l'Etat, la première garantie des société. Ce n'est pas moi qui méconnaîtrais la majesté des pouvoirs!

Chambre des Pairs.

L'ESPRIT de l'Hôtel-de-Ville, qui se chargea primitivement d'organiser la Révolution de Juillet, ne fut point favorable à la pairie. Le vieux libéralisme s'était alors affublé d'une haine violente contre toute aristocratie, et la Chambre des Pairs, qui en était comme l'expression, subit de vives et profondes attaques. On admettait bien deux Chambres ; mais de quels élémens voulait-on composer la pairie ? quelles dures nécessités ne lui imposait-on pas ?

Toute pairie, pour être forte, en France surtout où l'esprit est si mobile, me paraît reposer sur trois conditions : l'hérédité, la propriété, les services; tout le reste ne peut et ne doit être qu'accessoire.

Sans l'hérédité, il n'y a pas de corps fixes et permanens; il n'y a ni traditions ni règles; l'élément aristocratique de la constitution disparaît. C'est une chose à remarquer, que tout gouvernement naissant ou toute opinion victorieuse hésite devant la perpétuité des institutions; on y revient ensuite avec le temps et l'expérience comme à une nécessité. Ainsi la Restauration en 1814, créant sa pairie, adopta l'idée du Sénat de Bonaparte, c'est-à-dire la non hérédité; elle avait peur d'une trop forte résistance; elle tâtonnait dans sa marche. La Restauration eut donc alors une pairie sans hérédité. Quand elle se stabilisa et qu'elle devint un système régulier, alors elle ne craignit plus l'hérédité; elle la proclama : ce fut le but de l'ordonnance du mois de septembre 1815.

Les choses se passeront-elles ainsi sous l'em-

pire de la Révolution de Juillet? La démocratie a demandé le sacrifice de l'hérédité, on
le lui a fait. A mesure que nous avancerons
vers un système plus stable, reviendra-t-on sur
ce principe? Le pouvoir regrette, je le crois,
cette concession faite aux exigences du vieux
libéralisme. De jour en jour les esprits se préparent; le sacrifice qu'on a fait aux préventions
ne peut être proclamé comme un principe permanent. Respect à la loi existante; mais il est
de l'essence des institutions représentatives de
permettre l'amélioration des lois; et c'est en
quoi ce système est admirable.

Il faut noter qu'il y a deux formes de gouvernement qui ne peuvent souffrir l'hérédité
des corps : c'est le despotisme et la démocratie, qui n'est que le despotisme des masses.
Cela se conçoit : l'une et l'autre sont des sou-
verainetés impérieuses qui n'aiment pas la con-
tradiction. Les corps héréditaires sont essentiellement modérés; comme ils ont le sentiment

d'eux-mêmes et une responsabilité de famille,
ils ne se laissent point aller à ces coups de folie
des assemblées mobiles que la démocratie en-
fante. Tout pouvoir violent, toute opinion victorieuse a haine de cet esprit de tradition et
de race.

Il ne manque à la Chambre des Pairs, telle
qu'elle est aujourd'hui constituée, pour être
complète, que cette hérédité; elle est faible
encore en fortunes, mais elle est riche en capacités de toute espèce, en talens et en illus-
trations de chaque époque; la Restauration
avait été sans préjugés pour les choix de la pairie; seulement elle s'était préoccupée de l'idée de
propriété, dont elle faisait la base aux derniers
temps de l'institution aristocratique.

La première promotion de pairs date du 4
juin 1814; elle fut faite sous l'influence de
M. de Talleyrand; elle asseyait, à côté de l'ancien Sénat, tout ce grand cortége de beaux
noms de la monarchie, les Uzès, les Cler-

mont-Tonnerre, les Montbazon, les Richelieu,
les Mortemart, les Noailles, les Fitzjames, les
Coigny, les Croï, les Montmorency, les d'Havré,
les Polignac; et auprès de cette vieille aristocratie, la plupart des sénateurs, gens de l'Empire
ou de la Révolution, aussi bien M. Lanjuinais
que M. Lemercier; M. Destutt de Tracy que
M. Abrial. La Restauration se montra ici bien
plus avancée dans un système de fusion que les
gens du programme et de l'Hôtel-de-Ville avec
leurs longues rancunes contre les noms propres!

La promotion du 17 août 1815 fut plus prononcée dans le sens de la réaction royaliste;
on voulait exclure de la Chambre des Pairs
tous les membres qui avaient fait partie de la
pairie des Cent-Jours; ce furent encore de
nobles races et de grands services qu'on ap-
pela en la personne de MM. Chateaubriand,
de La Ferronays, d'Istrie, Molé, Montébello.
La majorité de la Chambre des Pairs fut modifiée par ces quatre-vingts pairs de nouvelle

création, immédiatement introduits avec le principe de l'hérédité.

L'ordonnance du 5 mars 1819 répara le vide que les mesures réactionnaires de 1815 avaient creusé; Louis XVIII rappela dans la Chambre des Pairs tous les membres qui en avaient été exclus par suite de leur adhésion aux Cent-Jours; il y avait à peine quatre ans de cette réaction, et déjà l'on rentrait dans les voies de stabilité et de justice. L'époque actuelle serait-elle plus haineuse? Les Pairs exclus en 1830 sont exilés depuis six ans de la Chambre, et personne n'ose prononcer pour eux un mot de justice. Quelques promotions purement ministérielles eurent lieu depuis septembre 1821 jusqu'au 31 octobre 1822. Alors entrèrent dans la Chambre MM. Pasquier, Siméon, Portal et Roy, c'est-à-dire les membres du système Richelieu, les hommes d'affaires de la Restauration.

En 1822 fut véritablement formé le banc

épiscopal de la pairie; les premières promotions de 1814 et de 1815 portaient bien le cardinal duc de Clermont-Tonnerre, le cardinal
duc de Rohan, les anciens évêques titulaires
de pairies, mais ce n'était pas là véritablement un banc ecclésiastique. On le consti-
tua seulement par la promotion du 31 octobre 1822 et celle du 5 novembre 1827. La
Chambre des Pairs eut son banc d'évêques, une
véritable représentation cléricale, comme cela
se voit en Angleterre, comme cela existe partout où la religion est considérée comme une
force sociale. C'est un travers d'esprit de la
vieille école libérale de séparer tout-à-fait l'E-
glise de l'Etat, comme si toutes les forces ne
devaient pas concourir au but commun de l'harmonie politique : un banc d'évêques n'est pas
seulement un hommage à la croyance!

Les promotions qui suivirent de 1823 à 1827
furent purement parlementaires, c'est-à-dire
qu'en dissolvant chaque Chambre, selon les

principes représentatifs, M. de Villèle dut faire entrer dans la pairie les membres influens de la majorité. Il abusa peut-être de ce principe; il étendit ses promotions à un trop grand nombre de candidats, mais on lui doit cette justice que ces noms en majorité furent choisis parmi les propriétaires considérables, et ces fortunes territoriales qui exercent des influences dans les provinces. On voulait, autant que la France le permet, se rapprocher des institutions anglaises, rétablir l'esprit provincial, qui est un des élémens de la paix, de l'ordre et de la monarchie.

Depuis les journées de Juillet, les mauvaises passions ont bien voulu bouleverser l'institution de la pairie; mais telle est la puissance d'un corps compacte, pénétré d'un même esprit, que toutes les promotions jusqu'ici faites se sont merveilleusement harmonisées avec le tout; les choix ont été généralement bons. Je ne partage pas les petites jalousies des partis, je

n'irai point creuser jusqu'au fond de chaque
nomination pour en disputer l'importance. Il
me suffira d'examiner trois points, à savoir : les
capacités qu'offre la pairie; les services qu'elle
a rendus; le rôle puissant, élevé qui lui appartient dans l'avenir.

§ . Ier.

Capacités de la Pairie.

Dans le mouvement des affaires, une assemblée, même composée en majorité d'hommes politiques avancés dans la vie, peut être
plus jeune d'idées, plus en avant des temps et
de la civilisation, qu'un corps formé de jeunes
hommes aux vieux préjugés; il y a de jeunes
vieillards, et des vieillards bien jeunes. Telle
est la position de la Chambre des Pairs; elle
comprend parfaitement les besoins et les vœux
de la société; elle en a le profond instinct, le

7

sentiment intime. En politique on se trompe
souvent de millésime; il n'y a d'avenir maintenant que pour les idées gouvernementales.
Toutes les utopies libérales de l'Assemblée
Constituante sont vieilles; rajeunies un moment sous la Restauration par une école déclamatoire, elles sont pleinement en décadence; on ne veut pas le voir, et c'est pourtant un fait.

C'est même ce qui constitue la force parlementaire de la Chambre des Pairs dans l'état où
on la réduit; elle est en pleine possession des
capacités et des idées gouvernementales; on
sait dans cette Chambre que le premier besoin
d'une société est d'être gouvernée, que l'existence seule d'une autorité est un bienfait pour
les sujets. La pairie ne s'arrête point aux accidens politiques, à ces résistances sans but et
sans conduite; quand sa majorité fit de l'opposition sous M. de Villèle, elle la fit régulière, puissante, compacte, sans ces petites

jalousies qui brisent et morcellent une grande opinion ; aujourd'hui qu'elle aide et appuie les efforts du gouvernement, elle marche invariablement vers son but ; elle l'a atteint à travers toutes les difficultés d'une position délicate. Si un ministre, quel qu'il fût, tentait un retour vers le désordre, je crois qu'une résistance organisée viendrait encore de la pairie : elle aurait la volonté de sa force.

Le grand point, c'est qu'elle sait les affaires ; sa majorité domine tous les souvenirs et toutes les notabilités ; une question de finance se présente-t-elle ? vous avez là des hommes qui sous des systèmes divers ont rendu d'éminens services, porté l'ordre, la clarté dans l'administration des deniers de l'Etat ; vous avez M. Mollien pour l'Empire, ministre si capable, qui jeta tant de méthode dans l'immense mécanisme du Trésor ; vous avez pour la Restauration le comte Roy, M. de Chabrol, le premier, sévère administrateur, qui en deux circonstances délicates donna une haute impulsion au crédit, et M. de Chabrol dont le rapport au roi est un monument de probité et de grande gestion de la fortune publique. La pairie est veuve encore de M. de Villèle!

S'agit-il de la guerre? indépendamment de la vieille expérience des maréchaux, de tout ce cortége de gloires, vous avez des administrateurs de l'Empire et de la Restauration; le comte de Cessac, M. de Caux, ministre qui fit tant pour l'armée : que de services inspirés par lui à M. le duc d'Angoulême, si protecteur du vieux soldat, si généreux pour tout ce qui se rattachait aux gloires impériales !

Se présente-t-il une question de préfecture, d'administration communale, un de ces points contentieux ou d'action administrative? vous avez cinq ou six ministres de l'intérieur, MM. Decazes, Siméon; l'élite des préfets, MM. de Germiny, de Tournon, Gasparin, et le plus habile des administrateurs, M. Mounier, le fonctionnaire qui comprit le mieux en France le mécanisme de la commune, les rapports administratifs, toutes les difficultés qui peuvent s'élever dans la hiérarchie des préfectures.

La magistrature n'a-t-elle pas là également ses plus scientifiques représentans dans MM. Portalis, Zangiacommi, de Bastard? Quoi d'étonnant dans cette activité et cette régularité immédiatement introduites dans la Chambre des Pairs toutes les fois qu'elle est constituée en Cour de Justice? quoi d'étonnant que les hommes vieillis dans les formes et les procédures, se constituent avec tant d'ordre, organisent chaque acte et procèdent avec calme et maturité à toute instruction, même celle qu'ils n'ont point voulue?

Et pour les affaires étrangères, questions sur lesquelles il est si essentiel de savoir les faits et de ne point déclamer, comment la Chambre des Pairs ne prendrait-elle pas une grande importance, quand elle compte pour organes plus

de dix anciens ministres, vingt ambassadeurs dans les grandes affaires, et des hommes de la capacité de MM. de Talleyrand, Mortemart, Molé, Pasquier, Barante, initiés dans le mouvement des négociations? C'est ce qui fait la puissance de ces discussions où rien d'oiseux, rien d'inutile ne se mêle. Il y a là haine du rien dire, esprit et science des faits. On commence par étudier l'Europe avant d'en parler; on n'adopte ni répugnances ni haines pour les événemens accomplis. Il peut y avoir des fautes commises, elles sont inhérentes à la fragilité humaine, mais au moins il n'y a pas ignorance des causes, ce qui est le plus grand défaut et le plus déplorable malheur pour les hommes politiques.

Avec toute cette science, le défaut de la Chambre des Pairs, c'est de ne point assez oser; elle est craintive, méfiante d'elle-même; elle hésite devant la résistance ; elle craint de fatiguer la société et de troubler le pouvoir, et cependant il est des cas où la résistance est une force pour ce pouvoir.

Tout s'explique avec ce personnel de la pairie; on se rend parfaitement compte comment la Chambre des Pairs, si profondément attaquée après Juillet, décimée par des coups d'opinions, poursuivie par la presse, a reconquis cette puissance dans le pays. La France est une nation intelligente; tout ce qui est capable et haut lui plaît; elle peut se laisser séduire quelque temps par les déclamations, mais avec un rare instinct de justice, elle met successivement chaque homme à sa place : la domination des incapacités ne peut durer. Quand un pouvoir se montre rationnel, constant, fort de ses maximes; quand il est d'accord avec les lois éternelles de la politique des Etats, tôt ou tard il conquiert de l'ascendant sur le pays. Il y a un irrésistible entraînement qui pousse l'opinion vers les idées de gouvernement et les hommes qui savent; la Chambre des Pairs lui doit sa supériorité : elle ne la tient ni de la fortune, ni de la naissance, mais de la haute souveraineté des idées, et cette force en vaut une autre.

§ II.

Services de la Chambre des Pairs.

La Chambre des Pairs a toujours exercé sur les affaires publiques une double influence; d'abord, par l'ascendant moral, sorte d'action occulte et puissante qui plaça souvent en ses mains la direction des affaires publiques. Ensuite par cette position de résistance qui empêche les mouvemens irréfléchis, les tendances passionnées, soit qu'elles viennent du pouvoir, soit qu'elles surgissent du principe démocratique.

Les services de la Chambre des Pairs ont été grands aux deux époques principales de

sa durée politique ; à savoir, durant la Restauration, et depuis la Révolution de Juillet.
Dès qu'elle commence à vivre un peu d'une
existence politique et constitutionnelle, on la
voit s'opposer à l'entraînement irréfléchi des
passions qui grondent violentes. En 1816, la
Chambre des Pairs résista la première au mouvement rétrograde qui entraînait la majorité
royaliste ; elle prêta aide au pouvoir haletant
qui disputait son existence contre la force irrésistible du parti triomphant.

. Tant que M. Decazes reste dans les conditions modérées, et qu'il ne penche pas vers la
gauche, la Chambre des Pairs le soutient ; elle
n'aime pas les excès ; elle craint cette majorité
royaliste qui s'est faite parti ; mais en 1818, la
Chambre des Pairs retire l'appui qu'elle a
prêté à M. Decazes ; elle voit que la loi d'é-
lection est devenue une arme meurtrière dans
les mains des partis. Alors c'est de son sein que
part la proposition de M. Barthélemy contre la

loi électorale ; elle a instinct que la monarchie est menacée. M. Decazes séduit, entraîné par cette auréole dont le libéralisme entoure son jeune front de ministre, brise la majorité par une première promotion en masse; eh bien! l'esprit de cette Chambre n'en est point essentiellement altéré ; on la voit soutenir le ministère du duc de Richelieu, noble milieu entre le royalisme et le principe libéral.

Ce ministère de modération est le type fidèle de l'esprit de la Chambre des Pairs ; cette Chambre sent bien qu'il faut mettre un frein aux principes révolutionnaires qui agitent la société ; elle offre au duc de Richelieu une majorité compacte sur toutes les questions de vitalité sociale ; elle vote de confiance les lois répressives. Il y a du courage quelquefois à se séparer de cette popularité fragile pour soutenir le principe d'ordre ébranlé.

Quand le ministère de M. de Villèle se forme, la Chambre des Pairs reprend une attitude

méfiante et craintive; elle vient d'arrêter les
tentatives du parti libéral contre la Restauration ; elle a prêté aide contre les conspirations
militaires et les sourdes menées des factions,
et la voici déjà aux prises avec une autre réaction absolue et puissante. La Chambre a confiance dans l'habileté de M. de Villèle; elle
ne veut point embarrasser sa marche encore,
elle sait qu'il y a dans le ministre une profonde souplesse de moyens, et qu'il échappera
peut-être aux exigences de son parti. Un peu
plus tard, elle se désabuse; elle craint la coterie
qui pousse et aveugle M. de Villèle; elle se
pose encore une fois comme résistance, et la
voilà aux prises avec la loi du sacrilége, avec
le droit d'aînesse, la conversion des rentes.

Dans toutes ces circonstances elle oppose
aux violences de la droite sa majorité deux
ou trois fois brisée et morcelée par des promotions ; et cette opposition n'a rien de
vague, de déclamatoire comme celle qui

retentit plus d'une fois à la tribune de la
Chambre des Députés ; l'opposition de la
Chambre des Pairs part d'un principe gouvernemental ; elle ne tend point à renverser le
pouvoir, mais à l'éclairer, à le ramener sur
des bases solides et en rapport avec le véritable progrès ; elle est religieuse sans esprit
monacal, conservatrice sans être rétrograde ;
elle ne veut point marcher vers des révolutions
indéfinies, mais elle ne veut point revenir
vers un passé impossible.

Le cabinet Martignac arrive ; la Chambre
des Pairs l'entoure et le fortifie, parce qu'elle y
trouve l'esprit du ministère Richelieu, son type ;
la majorité n'adopte ni les puériles craintes
des débris du royalisme pur siégeant dans la
Chambre, ni les intrigues du vieux libéralisme
qui se montre menaçant même contre un ministère de progrès ; elle soutient et adopte
toutes les lois proposées par l'administration
de M. de Martignac.

Vient ensuite le ministère de M. de Polignac; sans doute la pairie ne partage point les opinions de ce cabinet, elle voit les périls de la situation; mais plus profondément dévouée à la prérogative royale, plus craintive devant les bouleversemens, plus prévoyante dans les luttes constitutionnelles que ne l'est la Chambre des Députés, elle vote une adresse ferme et confiante, sans se jeter dans l'opposition systématique des 221. La Chambre des Pairs ne refuse pas son concours d'une manière générale, elle se réserve la prérogative constitutionnelle d'examen pour chaque acte que le ministère présentera à sa délibération.

Ici finit le rôle de la Chambre des Pairs sous la Restauration, rôle tout-à-fait gouvernemental, parce que des hommes graves et prévoyans la dirigeaient. Elle fut tout à la fois appui et résistance, à raison de l'esprit et des mesures politiques. Ce rôle l'a-t-elle également suivi depuis la Révolution de Juillet?

Dans l'état d'abaissement et de sujétion où
le programme l'avait jetée, la Chambre des
Pairs eut immédiatement à se montrer dans la
plus périlleuse des crises. Il s'agissait du procès
des ministres de Charles X, en face de l'émeute
irritée qui demandait des têtes. Ici la Chambre
des Pairs commença à se poser comme résistance. Elle eût été saluée par des acclamations
si elle avait suivi le mouvement réactionnaire,
car il y a des époques où la popularité s'achète
au prix du sang. La Chambre des Pairs menacée résista; elle appliqua des peines aux
accusés, sinon pour la répression d'un crime,
au moins pour une faute irréparable, dont le
résultat avait été la ruine d'une grande race.
A quelque opinion qu'on appartînt, ne de-
vait-on pas considérer comme bien imprudens
ou bien coupables ceux qui avaient perdu
une si belle monarchie et lancé le pays dans
les convulsions? Il y eut plus que le courage vulgaire dans cette fermeté judiciaire qui

délibérait en face de l'émeute et de certaines exigences que l'histoire révélera.

Dès que le calme se rétablit un peu, la Chambre des Pairs tente une sorte d'opposition morale contre le mouvement désordonné qui pousse les opinions à démolir un à un les liens moraux de la monarchie ; elle suit la noble impulsion du duc de Broglie dans sa résistance aux puériles rigueurs dont on veut flétrir l'exil de la branche aînée. La majorité des députés vote l'abolition de la fête funèbre du 21 janvier ; la Chambre des Pairs s'y oppose, parce qu'elle pense que la tête d'un roi qui tombe est un deuil public que les nations doivent porter. La Révolution veut encore démoraliser les lois de la famille en rétablissant le divorce, la Chambre des Pairs résiste encore, comme gardienne sévère de la foi religieuse et domestique. Dans toutes les circonstances, cette même opposition gouvernementale se reproduit ; tantôt par un amendement au budget con-

servateur de la prérogative royale, tantôt par un
changement dans les lois municipales plus favorable à la propriété ; c'est une résistance qui
grandit et se développe faible, timide encore,
mais efficace.

Une seule fois cependant la Chambre des
Pairs crut devoir céder aux exigences de la
Révolution ; ce fut par un haut sentiment de
convenance. Il s'agissait d'elle-même et de l'hérédité ; elle en fit le sacrifice à ces murmures
des opinions remuantes, que trop souvent le
pouvoir confond avec le véritable sentiment du
pays. La faiblesse de M. Casimir Périer perdit
la question de l'hérédité.

L'habileté et la capacité politiques viennent
à bout de tout ; et c'est ce qui explique la
grande puissance conquise par la Chambre des
Pairs dans le procès d'avril. Aux mains d'une
assemblée vulgaire, une telle épreuve eût profondément blessé la pairie elle-même ; l'institution peut-être se fût abaissée dans une crise

aussi périlleuse. Un résultat contraire est sorti
de ce grand débat; la Cour des Pairs y a conquis un immense ascendant; elle s'est placée
dans une position plus haute que celle qu'elle
avait obtenue, même sous la Restauration. Chez
une nation intelligente, les hommes qui se
placent hors ligne sont toujours remarqués;
tôt ou tard ils conquièrent l'ascendant qui leur
appartient de droit. Je ne sais s'il est une circonstance où la capacité judiciaire de M. Pasquier se soit plus profondément révélée que
dans la longue session de la pairie comme
cour judiciaire! En même temps qu'une position grandit, elle impose de plus graves devoirs, et les destinées de la Chambre des Pairs
ne sont point encore accomplies; la société lui
demande des services. Tout n'est pas fini dans
la guerre contre les factions!

§. III.

Rôle d'avenir de la Chambre des Pairs.

Au milieu de ce chaos d'idées, de notions fausses et désordonnées sur l'origine des pouvoirs, leur rôle respectif et leur action simultanée, une grande mission paraît réservée à la Chambre des Pairs. Cette mission consiste à restaurer les idées gouvernementales, à ramener la société politique et administrative aux véritables proportions, sans lesquelles le pouvoir ne peut agir. Assez d'anarchie a été jetée dans la politique; il appartient à un corps tout de conservation de rétablir l'unité dans les principes de gouvernement. La Chambre des Pairs est admirablement posée pour opérer successivement la Restauration des idées monarchiques; elle ne s'est jamais laissé entraîner aux folles expériences; elle a par-dessus

tout la science des affaires, et le pays ne demande plus que l'application de cette science
au mouvement régulier de la politique et de
l'administration.

A examiner d'un peu près les élémens actuels
qui composent la Chambre haute; tout semble
tendre en définitive à la réalisation plus ou
moins prochaine des idées d'ordre et de monarchie. Il n'y a pas d'opinions fortes et tranchées dans la Chambre des Pairs, mais seulement des nuances; on ne souffre pas les déclamations; on arrive vite aux résultats.

Il existe d'abord un parti de droite, plein
de convictions et de chaleureux sentimens,
loyalement représenté par MM. de Brézé et de
Noailles; il ne faut point croire que cette fi-
délité au malheur aille jusqu'à souhaiter un
bouleversement politique pour arriver à un
principe; les deux nobles pairs partent de
cette théorie simple, laquelle est partagée
par de bons esprits en France, à savoir : que

le principe héréditaire, la ferme et longue transmission de la couronne, sont des garanties pour la sûreté de l'Etat; de là au torysme pur, au parti conservateur sans arrière-pensée, il n'y a qu'un pas.

Le tort de MM. de Brézé et de Noailles, tout en défendant les doctrines monarchiques, c'est de descendre quelquefois aux impossibilités libérales qui les rapprochent des vieilles idées du mouvement et les font applaudir sous les tentes révolutionnaires. Que les deux nobles pairs laissent cette tâche à M. Dubouchage; c'est une position qui n'appartient point à la pratiques des affaires. Il y a une admirable place à prendre pour la droite de la pairie, c'est d'invoquer sans cesse les facilités gouvernementales que donne le principe conservateur. Qu'ils se fassent donc les représentans de l'idée monarchique, en dédaignant de descendre aux déclamations surannées de l'école libérale. Quelle admirable position se serait faite le parti de droite, si MM. de Fitz-James, Chateaubriand et tant d'autres nobles noms n'avaient pas quitté la pairie! Quelle force n'auraient pas dans cette assemblée d'aussi puissantes paroles! d'une part, la jeune école de M. de Montalembert, invoquant la restauration hiérarchique du catholicisme; de l'autre, tant d'illustres défenseurs des principes traditionnels d'hérédité dans les races et de perpétuité dans les institutions sociales! J'explique difficilement MM. de Noailles, de Brézé, tentant une croisade pour exhumer le principe mourant d'un libéralisme politique qui n'appartient point à la pensée royaliste. Ce serait là une situation parlementaire que le pays ne comprendrait pas.

A côté de ces légitimistes à sentimens si purs se place un parti centre droit qui s'est détaché de toutes vagues idées pour remplir une grande tàche, celle de préserver la société des déplorables attaques de l'anarchie. Il se compose des anciens membres de ce qu'on appelait la

réunion cardinaliste, des ministres administrateurs de la Restauration, tels que MM. Roy, de
Caux, de Chabrol, Mounier, qui ont vu avec douleur s'écrouler l'édifice qu'ils avaient soutenu de
leur expérience ; mais, hommes du pays avant
tout, ils ont réuni leurs efforts pour le préserver d'une réaction anarchique dans les idées
et dans les lois. Tous ont rempli leur tâche
d'administrateurs sévères et de ministres capables ; ils ont contribué, en rétablissant les
faits, à justifier une époque si malheureusement attaquée. Qui ne se souvient du discours
tout positif de M. de Caux, dans lequel il ex-
posa les véritables ressources du département
de la guerre à la chute de l'ancienne race ? et le
mémorable état des finances établi par M. Roy
pour repousser toute idée de déficit dans la
gestion de la fortune publique pendant les
derniers temps de la Restauration ?

Les idées d'unité administrative trouvent
encore des représentans parmi les anciens fonc-

tionnaires de l'Empire, que je personnifie dans
M. Molé, l'expression la plus élevée de ces
idées. Cette portion de la Chambre ne part
pas sans doute du même principe que la fraction des tories conservateurs; elle n'a pas un
attachement aussi profond pour les doctrines
et les temps de restauration. Ce qu'elle veut,
c'est un pouvoir fort, une administration unique et protectrice, une hiérarchie obéissante;
peu importe à ceux-ci d'où vient l'unité monarchique, pourvu qu'elle existe et qu'elle se
proclame; mais en toutes circonstances ils sont
un appui aux idées d'ordre; ils ne se séparent
pas des affaires, ils en ont l'intelligence et veulent aboutir à un résultat.

Le parti impérial et militaire ne s'éloigne pas
beaucoup de ces doctrines. On ne rencontre
pas sur les bancs de la pairie ces violentes sorties de généraux irrités qui, à une autre tribune, ont plus d'une fois assourdi les pacifiques populations; sauf quelques rares ex-

ceptions, il y a surtout esprit de convenance dans toutes les fractions de la pairie. Le parti militaire est fermement dévoué au pouvoir, et le soutiendrait au besoin de toutes ses forces. C'est un appui pour les véritables idées monarchiques qui appellent la force sans violence.

Il s'est formé dans la pairie une sorte de tiers parti qui voudrait invoquer encore quelques souvenirs du programme de Juillet pour arrêter l'esprit de la Chambre Haute; il a pris pour organe la parole facile et polie de M. Villemain. Autour de lui se grouperont sans doute quelques mécontentemens individuels que la marche plus décidée de la pairie pourra soulever. Il est naturel que quelques uns des pairs de création populaire se trouvent un peu dépaysés au milieu de ces habitudes du pouvoir qui dominent les discussions et les résolutions de la Chambre. Il pourra donc se former une opposition de tiers parti, arrêtant autant qu'il est en elle le

progrès des idées conservatrices; ceci doit être,
et il ne faut point s'en plaindre. Toute Chambre doit avoir sa majorité et sa minorité; les
conservateurs réunis n'ont point à craindre l'opposition d'une trentaine de voix qui se formu-
lera, en invoquant le panthéisme libéral dans
de timides paroles.

Le rôle de la Chambre des Pairs est tout
tracé. Je ne veux point dire qu'elle ait l'importance de la pairie anglaise; elle n'a point
dans son sein les colossales fortunes, ce pres-
tige d'antiquité, d'hérédité et de blason qui
rattache la pairie anglaise au sol, à la conquête
normande pour ainsi dire; mais la Chambre
des Pairs en France, dans le naufrage de toutes
les institutions, a seule conservé une puissance
de propriété, elle a des traditions de principes
et de formes; elle a une langue monarchique!

Il n'est point à désirer qu'elle la transforme,
cette langue, en harangues flatteuses, et qu'elle
transfigure le principe des monarchies en un

seul culte. L'adulation n'a jamais sauvé ni un
trône ni un pays. Il y a une attitude ferme
et droite, un langage sévère et dévoué qui
peut servir d'exemple à tous les corps politiques; il ne faut plus qu'on puisse mépri-
ser impunément le pouvoir; il ne faut plus
que les royautés soient livrées aux risées; il ne
faut plus qu'on parle le langage de l'égalité,
qu'un président de la Chambre élective se
dise et se pose comme la première autorité
de l'Etat; il ne faut plus qu'on fasse de leçons
ni de programmes, qu'on prenne pour de la
fermeté un langage brusque et impératif; il ne
faut plus renouveler en d'autres formes l'étrange
spectacle de l'abaissement royal dans les tempêtes de Juillet. Il faut que la royauté, image
du pouvoir, soit honorée et respectée. Au temps
où nous vivons, ce n'est point assez que ces
froids hommages, ces philosophiques résignations en face d'un roi constitutionnel; le prince
appelle d'autres respects; et la Chambre des

Pairs est destinée à donner à la couronne cet
éclat et cette force si violemment affaiblis par
la tempête publique. C'est un rôle aujourd'hui
digne de la plus haute ambition !

La Chambre des Députés.

A juger sans passion la situation présente de la Chambre des Députés, je ne crois pas qu'il existe un précédent semblable dans les annales du parlement anglais et dans notre propre histoire. La chute du dernier ministère a déplacé les vieilles combinaisons; il y a un pêle-mêle de partis sans qu'on puisse préciser la marche politique de chacune des fractions qui composent sa majorité. Les amis de M. Guizot, comme ceux de M. Barrot, viennent au ministère de M. Thiers, moins pour le servir que pour l'absorber; et c'est une première remarque à faire dans l'appréciation de la Chambre.

Les assemblées politiques présentent habituellement les divisions suivantes : majorité, opposition, tiers parti qui est la transition d'une couleur à l'autre.

Le pouvoir peut se placer dans ces trois nuances; mais une Chambre où toutes ces nuances se confondent, où il n'y a plus ni opposition, ni majorité; où chacun peut se dire chef d'opinion, de majorité; où le pouvoir n'a pas un banc fixe d'amis, et en face un banc fixe d'ennemis; une telle Chambre offre un spectacle unique dans les fastes parlementaires.

Je considère tout-à-fait cette position comme transitoire; la Chambre actuelle ne me paraît pas destinée à une longue existence. Le ministère voudrait vainement la conserver; autant elle se montre docile à la session actuelle, autant elle serait exigeante à l'ouverture de la prochaine session. Personne ne peut croire qu'un ministère puisse également être servi par deux ennemis, alors que des divisions aussi profondes existent entre MM. Guizot et Barrot; c'est un état de choses qui finira avec les travaux de cette année : alors tout se transformera en une situation mieux dessinée.

Je vais toucher une question délicate, elle se rattache à l'existence d'un des grands pouvoirs de l'Etat. Comme toute institution, la Chambre des Députés tombe dans le domaine d'une discussion générale; j'apprécierai son esprit avec fermeté et modération.

Depuis la Révolution de Juillet, la Chambre des Députés a été formée en vertu de la loi d'élection qui place un grand pouvoir dans la petite bourgeoisie. Durant la première période de cette révolution, la majorité qui avait voté l'adresse des 221 fut maintenue; elle succomba à la session suivante sous les attaques réitérées de l'opposition de gauche. Cette Chambre, systématiquement engagée par la

politique de l'adresse, contre le ministère Polignac, offrait néanmoins d'immenses conditions
d'ordre ; elle rendit le plus grand de tous les
services au pays après l'émotion de Juillet; elle
reconstitua le principe d'unité monarchique
que l'anarchie aurait proscrite.

Les factions sentaient bien ces services, car
elles demandèrent l'immédiate dissolution des
221 ; la Chambre des Députés contenait alors
un large centre droit, puissante opposition aux
principes révolutionnaires. Il est évident que si
des démissions irréfléchies, pour refus de serment
ou pour d'autres causes, n'étaient pas venues
amoindrir ce centre droit, s'il n'y avait pas eu
des bouderies sans raison, tôt ou tard un ministère de force et de gouvernement aurait dû
se placer dans le sein de cette majorité pour
combattre le débordement des factions, et ce
centre droit aurait prêté appui à l'ordre, en aidant le pouvoir ; il se serait rendu indispensable
à la vie, à l'existence de tout ministère.

Cette Chambre des 221 fut dissoute, et en vertu d'une loi électorale qui donna lieu à de profondes divisions dans le conseil, les colléges furent de nouveau convoqués. Il y avait eu désertion de la droite dans la Chambre des Députés ; dans cette circonstance, il y eut désertion de cette même droite dans les colléges ; aussi il arriva qu'une opinion incontestablement forte et puissante, celle de la haute propriété, de la richesse territoriale, n'eut pas une seule représentation dans la Chambre des Députés. C'était la lourde faute d'un parti qui préférait alors s'agiter en dehors des institutions et ne savait pas les dominer.

La Chambre de 1832 vécut à une époque où passèrent des questions d'émeutes, de républicanisme ; quelle volonté forte ne fallait-il pas à M. Casimir Périer pour se créer au sein de cette Chambre une majorité qui eût tout à la fois résisté à la république qui grondait par des attentats, aux monarchistes à la façon de M. Laffitte, et à ces petites intrigues du tiers parti qui n'était pas pleinement satisfait du ministère et le servait par peur!

A la troisième année, il fallut encore recourir à la dissolution; la Chambre s'était usée avec une indicible rapidité. Aux époques de tempêtes publiques, tout subit l'influence de ces passions qui dévorent. La nouvelle convocation des colléges électoraux montra un peu plus de tactique dans les partis; d'abord, les hommes les plus ardens de la gauche furent écartés ou n'obtinrent que des majorités équivoques. Le parti royaliste, sans agir avec unanimité dans le déploiement de ses forces, avait fait un tout petit pas; il avait discuté la question du serment; on ne s'était plus laissé aller tout entier à ces rancunes, lesquelles se résumaient en divisions malheureuses et enlevaient à tout jamais les affaires aux conservateurs.

La droite obtint donc une représentation dans le parlement; mais par une aberration

9

d'esprit inexplicable, la majorité de ses députés fit servir sa petite force numérique, non point à défendre les principes monarchiques, à aider le pouvoir dans ses efforts contre le désordre moral et politique, mais à s'unir à la partie démocratique dans le vote ; vieille tactique du désespoir ! On ne vit pas qu'entre la monarchie et l'anarchie il y a un abîme, et que la droite était plus près de son triomphe quand elle dominait aux conseils généraux, dans les places administratives sous Napoléon, qu'alors qu'elle s'unissait aux républicains sous le Consulat.

Il n'y eut plus ni principes conservateurs ni théories d'organisation ; on ne voulut plus se faire centre droit, mais droite extrême, droite ultrà. C'était politiquement s'annuler ; on pouvait bien gagner quelque peu de popularité, mais une popularité conditionnelle, achetée par le sacrifice des vieux principes et la perte de tout un avenir.

Il y a des situations qui tiennent à des causes générales, d'autres naissent d'accidens. Dans la Chambre des Députés actuelle il y a un esprit général et des tendances instantanées.

Pour ceux qui ont étudié la Chambre des Députés à son origine et dans sa situation présente, il est évident qu'elle est revenue par l'effet de la dernière crise ministérielle à l'esprit de son élection. Quand le ministère était aux mains de M. Guizot, il s'était opéré dans la Chambre une transformation remarquable; la majorité le soutenait, mais avec répugnance; l'intelligence de la Chambre n'était pas à la hauteur du ministère doctrinaire; elle avait été un pêle-mêle d'opinions à son principe; elle est redevenue aujourd'hui ce qu'elle était lors de son élection; l'esprit bourgeois est à M. Dupin.

La situation de la Chambre est remarquable; il y a un doute, une hésitation perpétuelle; aucune opinion ne s'est conservée

pure et sincère, toutes se mêlent, se groupent,
s'entre-choquent; il y a mille nuances dans les
majorités et les minorités. On dirait presque
une dissolution de Chambre avant terme, car
enfin où est le système pour lequel on combat,
contre lequel on lutte? Dites-nous où est la
majorité et la minorité? tout cela est de l'histoire ; il n'y a plus de partis dessinés et
déclarés; en combien de fractions cette Chambre est-elle morcelée? où sont ses chefs, ses
Fox, ses Shéridan, ses Canning qui se posent
avec un système et des idées, dans le dessein
formel de les faire triompher et de les appli-
quer surtout au pouvoir, comme ministres
quand ils y seront appelés?

L'ancienne opposition se fractionne en des
nuances les plus opposées, les plus antipathiques; est-ce que les opinions de M. Etienne
ont quelque chose de semblable à celles de
M. Odilon Barrot? M. Dupin croit-il en
M. Mauguin ou en M. Laffitte? Ce n'est pas

là une minorité ou une majorité régulière
marchant comme un seul homme et qui puisse
attirer à elle des convictions et des votes ; il n'y
a aucun lien de cohésion ; une telle opinion
est condamnée chaque jour à perdre quelques
uns de ses membres, parce qu'il ne s'agit pas
de doctrines hautes et puissantes, mais d'indi-
vidualisme égoïste et altier.

L'ancienne majorité ministérielle est-elle
plus compacte ? Ici sans doute il existe une
pensée de cohésion ; le pouvoir est une idée
d'unité autour de laquelle on se réunit aisément ; il ne faut pas faire grand effort pour
reconnaître l'autorité et la saluer ; mais au fond
cette majorité est-elle bien unie de doctrines,
de convictions et de principes ? Est-ce que
M. Jaubert vote dans la Chambre en vertu des
mêmes idées que M. Vigier ? M. Janvier que
M. Fulchiron ? et pourtant, dit-on, tous soutenaient l'ancien ministère, ils étaient l'expression d'un double centre.

Les opinions de la majorité ne se divisent
pas seulement en deux grandes nuances; il y
en a cinq ou six, toutes bien marquées; beaucoup de membres sont dévoués à la Révolution, qu'ils saluent comme glorieuse; quelques
autres frissonnent à l'apparence d'un embarras
commercial; quelques uns encore, héritiers des
maximes absolues de l'Empire, ne comprennent pas le gouvernement représentatif et les
nécessités qu'il impose; d'autres encore subis-
sent les événemens de cinq années comme des
faits accomplis qu'il faut restreindre dans les
limites plus étroites possibles; ils n'ont certes
point désiré la révolution, mais maintenant la
crainte d'embarrasser le pouvoir les arrête; ils
savent l'état compliqué des questions de politique intérieure et extérieure; leur plus
grande peur, c'est l'anarchie; et voilà pourquoi ils soutenaient le dernier ministère, par
raison politique, sans avoir de sympathies
pour lui.

Telle est la Chambre actuelle, et c'est ce qui fait sans doute qu'elle passera sans laisser de longues traces d'un système; la majorité veut le bien, l'ordre, elle y marche avec une invariable volonté; mais elle n'est unie que sous ce point de vue. Et quant à la minorité, elle marche sans but fixe, sans avoir choisi ses hommes d'élite et ses ministres, sans avoir rassuré surtout les intérêts qui croient voir en elle la Révolution; et voilà ce qui fait sa faiblesse. Je ne crois pas que jamais Chambre ait présenté un semblable spectacle.

J'ai besoin de détailler un peu toutes ces idées et d'examiner les trois points suivans, comme je l'ai fait pour la Chambre des Pairs : quel est l'esprit de la Chambre actuelle? quels services a-t-elle a rendus? quelles sont les destinées des différentes fractions d'opinions qui la composent?

§ Ier

Esprit de la Chambre des Députés.

Un fait remarquable doit être observé en ce
qui touche la Chambre des Députés; on ne
peut nier que dans cette Chambre il n'existe de
jeunes hommes studieux, des esprits médi-
tatifs, quelques orateurs spirituels ou diserts,
des débris de l'école du *Globe* ou de la littérature du dix-huitième siècle; quelques autres
membres également ont passé à travers les affaires; ils ont dû en acquérir l'expérience et
l'instruction.

A prendre donc ces unités une à une, on ne
devrait pas désespérer de voir sortir du sein
de la majorité des travaux sérieux, des amé-
liorations notables dans les lois et dans l'administration. Cependant, la vérité est que jamais
Chambre, avec la volonté du travail, ne mon-

tra moins d'aptitude pour les questions positives. Il est inconcevable qu'avec tant d'intentions excellentes on apporte si peu de soin dans l'étude et l'examen des affaires; il y a une inexprimable légèreté d'aperçus dans les travaux les plus sérieux des membres de l'opposition et de la majorité ministérielle; tous ont à peine une intelligence superficielle des faits, de l'histoire; tous vivent des fausses notions, des rapports boursoufflés, de la science effleurée des événemens : peu de questions sont étudiées, même par les hommes spéciaux; tout porte l'empreinte du vieux libéralisme.

De là cette facilité extrême qu'ont les membres du cabinet de réfuter une à une les objections; combien de fois un ministre hardi, M. Thiers, n'a-t-il pas, dans sa légèreté spirituelle et moqueuse, hasardé des faits, cité des conventions dont on n'avait pas une grande certitude aux affaires étrangères? Et la Chambre n'a pas trouvé un seul orateur assez ins-

truit pour faire entendre une grave réfutation
des paroles ministérielles!

C'est dans les questions de l'extérieur surtout
que cette légèreté se produit; dans ces matières,
en effet, rien n'est difficile comme d'être précis,
exact, et rien n'est facile au contraire comme
de raisonner à tort et à travers, et de façonner
l'Europe à sa guise; il ne faut pour cela,
comme disait M. de Talleyrand, que connaître
le cours des fleuves et la séparation des fron-
tières. Les bons esprits ont eu plusieurs fois à
regretter qu'une intelligence profonde des traités n'ait pas donné à la Chambre les moyens
de savoir à fond la position actuelle des affaires en Europe; on se serait évité bien des
fautes et d'inutiles paroles.

Au parlement anglais, rien ne se dit légè-
rement, et la raison la voici : c'est que chaque
membre fait une étude spéciale des questions
qu'il traite; il ne discute jamais sans des do-
cumens certains et une connaissance appro-

fondie de la difficulté dont il parle. Là on appartient à une école, à un parti; la qualité de membre du parlement impose des devoirs; si l'on se fait chef d'opposition, on se donne une tâche de la vie entière, on sue sur le recueil des traités, on s'initie dans l'histoire, on s'instruit; on n'est plus embarrassé quand un ministre parle, et qu'il invente des citations textuelles ou qu'il emploie les circonlocutions pour éloigner une solution politique.

Cette éducation parlementaire commence aux colléges de Cambridge et d'Oxford, elle se continue dans les places de sous-secrétaires d'Etat au parlement, et vient se terminer souvent dans le cabinet même.

Nous n'avons rien de semblable en France; les lois de l'administration intérieure sont à peine connues, la pratique des intérêts est tout-à-fait oubliée. Il y a bien dans la Chambre quelques théoriciens de gouvernement et d'administration, de ces économistes politiques

vagues d'idées et aux applications incertaines ;
des philanthropes qui ont passé leur vie sur le
système pénitentiaire, sur le régime des prisons.
Il y a des criminalistes distingués ; mais les
hommes de gouvernement et d'administration,
où sont-ils ? les capacités ministérielles, où les
prendre ? De là cette impuissance de la Chambre
actuelle de formuler un système d'administration et d'enfanter un cabinet selon sa pensée
et ses œuvres.

Le second caractère qui distingue cette assemblée, c'est un esprit tout empreint des préjugés du vieux libéralisme ; la masse des députés est bien plus jeune d'années que la
Chambre des Pairs, mais ces jeunes hommes
sont couverts de rides politiques ; la majorité
s'est faite souvent l'héritière des préjugés du
dix-huitième siècle et de l'école libérale sous
la Restauration ; elle comprend mal l'esprit du
siècle qui s'avance. La majorité vit encore des
idées de la Constituante contre l'aristocratie et

le clergé; elle appelle la monarchie par une conviction honorable, et elle repousse les élémens
nécessaires pour la composer; elle ne veut ni
majorats, ni institution de famille, ni éclat
pour la royauté; toute concession pour l'Eglise
lui fait peur: elle conçoit le prêtre dans l'iso-
lement, le culte comme un rapport de la conscience avec Dieu, et non pas comme une force
morale de la société. Beaucoup de membres de
la majorité ne voient pas combien ils sont ar-
riérés d'idées et de conception. Nous avons im-
mensément marché depuis cinq ans; l'impiété
soldatesque de l'Empire, comme le voltairéisme
de l'école de M. de Jouy et des éditions de Touquet, ne nous vont plus; c'est se tromper de
dix ans de date.

L'intelligence pratique des affaires qui manque à la Chambre des Députés, a été la cause
fondamentale de toutes ses erreurs; avec d'excellentes intentions, combien se montre-t-elle peu
capable dans les questions d'administration in-

térieure, de communes et d'organisation dépar-
tementale qui touchent si intimement aux premiers besoins de la société ; laissez grandir le
pouvoir de la Chambre des Députés, et vous
verrez quelle décentralisation elle jettera dans
les attributions départementales que la loi du
28 pluviose an 8 avait si parfaitement réglées.

Dans cette impuissance politique et administrative, la majorité a souvent velléité de se
jeter sur les questions industrielles, dernier
point qui reste à l'école libérale. Le vieux libéralisme a renoncé à la plupart de ses dogmes
souverains ; il lui reste à faire subir une dernière
épreuve au pays ; cette épreuve se lie aux em-
prunts que l'école économiste de M. Say a faits à
l'Angleterre sur les causes et les progrès de l'industrie, comme si la France et l'Angleterre
étaient placées dans une situation commune,
comme si la propriété avait été divisée dans les
mêmes proportions, comme si elle était perfec-
tionnée et réglée dans les mêmes conditions que

celles de la propriété anglaise, comme si nos ca-
pitaux étaient aussi bon marché, notre esprit
aussi aventureux, nos usines et nos manufac-
tures aussi avancées! En Angleterre, on n'a jamais déclamé contre les hommes de loisirs. Les
hommes de loisirs sont les bailleurs de fonds,
les capitalistes à 2 pour 100, et les consomma-
teurs. Supposez une société toute de travail-
leurs, le travail périrait. De là cette position
délicate où se trouvait M. Duchâtel au ministère du commerce; M. Duchâtel, *globiste* de
souvenirs et d'école, homme de plus d'expérience depuis qu'il a touché les affaires, et qui
pourtant par ses concessions a profondément
effrayé les grandes industries et les possesseurs
d'usines.

Heureusement il est dans la Chambre des
Députés une représentation des intérêts terri-
toriaux, des industries qui ont besoin d'être
protégées; un système de douanes nouveau
serait un grand bouleversement. Il en est des

doctrines économistes du vieux libéralisme comme de ses doctrines politiques; il faut en abandonner la majeure partie quand on est au pouvoir; on doit les reconnaître inapplicables dans la pratique.

Il est à craindre que sur ce point la déclamation n'ait gain de cause ; peut-être la Chambre se laissera-t-elle diriger par cet esprit imitatif de l'école de M. Say; quand on a peu d'instruction, peu d'expérience sur certaines matières, on se laisse facilement dominer par tous ces professeurs de sciences qui amoncèlent avec esprit des idées sonores et retentissantes. Nous faisons souvent de tout un grand bruit pour n'aboutir à rien ; nous multiplions les prospectus menteurs. Il y a trois ans que M. Thiers devait couvrir la France de chemins de fer, de merveilleuses usines, de routes, de canaux, et je demande de bonne foi ce que nous avons produit? La silencieuse action des gouvernemens de l'Europe va bien plus vite que ce parlage

de tribune, et malheureusement l'esprit de la
Chambre s'en laisse facilement dominer; il a
fallu long-temps pour qu'elle se préservât des
fausses doctrines politiques; elle a maintenant
encore un danger à éviter, ce sont les fausses
doctrines industrielles.

Si je passe de ce peu d'intelligence des affaires à un jugement sur la majorité comme
pouvoir politique, je n'y trouverai pas une
assez haute appréciation des questions morales de la société; elle ne sait pas assez son
temps, ses mœurs et le progrès des idées. Of-
frez à la majorité et à l'opposition une question un peu puissante, un peu élevée, en aper-
cevra-t-elle jamais le haut côté? en verra-t-elle
le point principal? n'y a-t-il pas dans la Chambre une certaine habitude de saisir toutes les
difficultés par un point de vue limité? ne s'ar-
rête-t-elle pas aux détails, sans envisager jamais le point large et positif des questions? Je
n'y trouve point cette force parlementaire

qui soutient le pouvoir en vertu d'un système arrêté. La Chambre marche-t-elle vers
un but connu et dont elle puisse se rendre
compte? n'y a-t-il pas jalousie des membres les
uns envers les autres, de parti à parti, et
ce petit esprit ne domine-t-il pas dans toutes
les questions?

§ II.

Services de la Chambre des Députés.

Il faut être juste envers la Chambre des Députés, et j'ose le dire, envers toutes les majorités qui depuis la Révolution de Juillet se
sont succédées; elles ont prêté un ferme appui aux deux bases essentielles de la société:
l'ordre à l'intérieur et la paix à l'extérieur; elles
ont fait à cette double nécessité d'immenses
sacrifices, et c'est quelque chose au milieu de
l'effervescence des partis, et de ces accusations
répétées qui, de toutes parts, grondaient sur

elle. Il faut avoir bien du patriotisme pour se
détacher de la popularité grossière, de ce bour-
donnement de rues, qui a opprimé plus d'une
conscience et effrayé plus d'une conviction.

Les majorités ont eu des épreuves à subir;
elles en sont sorties avec fermeté, et c'est
un hommage à leur rendre : il y a toujours eu
horreur dans la Chambre des Députés pour
l'émeute, pour le désordre public, pour tous
ces faits anarchiques qui tourmentent notre
existence sociale depuis Juillet. Les majorités
ont réprimé les opinions violentes, les tentatives insensées pour jeter les peuples les uns
sur les autres. Il y avait peu d'instruction dans
la Chambre, mais il existait un instinct profond
que tel vote pouvait entraîner la rupture de
l'état de paix, que telle concession aux opinions turbulentes pouvait compromettre la sécurité publique.

M. Casimir Périer fut le premier des ministres du système de la révolution qui sut grouper

une majorité fixe autour des idées gouvernementales : depuis cette époque, toutes les questions de répression d'émeutes ont trouvé de
notables appuis dans la Chambre des Députés;
il s'y est constamment formé une majorité pour
réprimer les associations, pour contenir les
partis, rétablir la police sociale; dans toutes les
sessions les Chambres ont accordé plus d'un
vote de confiance; elles ont accédé aux actes du
Gouvernement.

Je suis loin d'en conclure que le motif qui a
déterminé ces votes d'adhésion ait toujours été
d'une haute portée politique; le ministère a
parfaitement exploité la peur. Ce n'est point toujours l'appréciation morale qui a entraîné les
suffrages de la Chambre; elle n'avait pas assez
de portée pour arriver à cette grande appréciation des questions sociales; elle a réprimé par
un pur instinct de défense; elle a ressenti une
juste indignation contre l'émeute; quand les
résultats sont obtenus, qu'importe la cause?

Ces résultats sont heureux et bons. Au sein de cette majorité il y a deux nuances d'hommes, deux centres, puisqu'il faut le dire; et c'est par l'union de ces deux forces diverses que l'immense résultat de l'ordre a été obtenu. Qu'importe encore que les uns soient déterminés par une haute et religieuse éducation, et que les autres l'aient été par un pur instinct? Les faits accomplis sont les seuls appréciables, et ces faits ont servi à la répression de la société, si puissamment ébranlée.

Il eût mieux valu que la question politique eût été plus largement envisagée; cette Chambre, qui organisait l'ordre matériel, n'avait pas le même respect pour l'ordre moral qui le fortifie; elle a voulu trop souvent la monarchie sans les conditions monarchiques. Ainsi la Chambre abolissait les majorats, elle isolait les questions religieuses de tout contact avec les questions politiques; elle posait l'égalité partout, elle manifestait ses haines pour les su-

périorités, et cette même majorité prêtait ferme
et fidèle appui aux mesures mêmes les plus sévères du gouvernement pour restaurer l'ordre
public violemment ébranlé.·

Depuis 1830, que de questions d'ordre sage-
ment résolues par les majorités! Le gouvernement est établi sur des bases convenables, la
majorité l'appuie; sans se discipliner absolument, on ne se permet plus ni compte-rendu,
ni protestations; il n'y a plus affiliation du parlement à la rue, de certaines agrégations de
députés avec d'autres agrégations du dehors.
Les clubs n'ont plus d'organe dans les pouvoirs
réguliers; la licence a été fortement poursuivie
partout où elle s'est montrée, et en vérité il
faudrait être ingrat pour ne point reconnaître
l'immense service rendu au pays par des majorités qui ont tourné une à une toutes les folies
politiques improvisées dans le programme de
Juillet. Les principes du gouvernement matériel ont été évidemment rétablis par l'action

salutaire des deux Chambres de 1832 et de 1835.
Sachons-en gré à toutes les majorités parlementaires qui se sont succédé ; il fallait porter
secours à ce qui était immédiatement menacé ;
la répression forte était le premier besoin : il
a été satisfait. Reste maintenant l'organisation
du principe moral, sans lequel il n'y a pas de
pouvoir durable ; et celui-ci est-il dans la destinée de la majorité actuelle ? Y a-t-il dans
son sein assez d'éducation politique, d'intelligence du pays ; est-elle assez en harmonie avec
ce besoin général de reconstitution politique
et sociale qui nous domine ?

§ III.

Destinées de la Chambre des Députés de 1836.

D'après l'examen qui vient d'être fait du pêle-
mêle d'opinions et de partis dans la Chambre des Députés, de l'incertitude qui y règne,

de l'hésitation de chacune des fractions de la majorité, on peut aisément conclure que si, légalement parlant, la Chambre existe comme puissance parlementaire, elle est finie comme action morale sur les esprits. La majorité n'est déjà plus unie, il s'y jette des incertitudes, des hésitations, des nuances de révolution et de restauration, des dénominations de centre droit et gauche. Il y a encore au-dessus des opinions un désir du bien, mais la Chambre est dans une incertitude de doctrines qui ne permet pas une longue durée à son pouvoir. D'ailleurs, dans les conditions mêmes du gouvernement représentatif, il est essentiel de songer à la dissolution d'une Chambre l'année même qui précède le terme de sa durée légale.

La session qui se termine aujourd'hui est la dernière dans laquelle les députés peuvent encore entourer un système et soutenir un ministère. A la session prochaine, on aura en face les colléges électoraux et les électeurs, on sera

préoccupé de sa candidature, des chances et
des déboires qu'elle pourra offrir. C'est encore
une cause de grande dissolution pour la majorité; tout deviendra alors unité égoïste, chaque député voudra donner des gages à son collége et cherchera à se retremper dans l'opinion, crise dangereuse pour tout ministère.
On a remarqué que les Chambres se dissol-
vaient elles-mêmes long-temps avant d'être
dissoutes légalement par la prérogative royale.
Il serait donc inutile en ce moment d'examiner
les destinées d'un pouvoir qui est à la veille
d'être renouvelé. Mais si la Chambre comme
masse n'a pas d'avenir, il n'en est pas de même
de chaque parti, de chaque nuance qui la composent; chacune de ces nuances a une destinée
à elle, chacun de ces partis a une représentation dans la société, et ce sera leur force plus
ou moins grande qui en définitive leur don-
nera la victoire. J'énumère ces forces diverses.

Destinées de la gauche austère.

A l'origine de la Révolution de Juillet, les affaires tombèrent aux mains de la gauche; cela devait être; elle s'était emparée du mouvement politique en lui donnant une direction révolutionnaire.

Il n'y a rien d'étonnant que ceux-là qui avaient fait la révolution active en dirigeassent l'esprit à son origine. Ce fut un malheur. Je ne sais par combien de causes diverses cette popularité bourgeoise est tombée. Aujourd'hui, tous les partis qui ont velléité d'entrer aux affaires se séparent de la nuance de gauche avec un sentiment de répulsion. C'est que le pays a peur de ses maximes; on l'a vue à l'œuvre, on connaît ses formes de gouvernement; les intérêts s'alarmeraient de tout système qui se rapprocherait des opinions de la gauche extrême; on la laisse sur

son banc, isolée dans ses rêveries dangereuses.
On se rappelle ces temps d'émeutes, de troubles publics, de menaces de guerre qui signa-
lèrent la présence de la gauche aux affaires.

C'est une chose curieuse que, sous la Restauration, M. Laffitte était plus près d'un ministère qu'il ne l'est aujourd'hui; voyez dans
quelle solitude s'expriment les maximes de la
gauche! combien elles trouvent peu de reten-
tissement! on les redoute; elles sont sans
avenir, parce qu'elles sont incompatibles avec
la forme monarchique, avec les nécessités d'un
gouvernement stable et régulier, ét que maintenant toutes les idées de la société se rattachent aux conditions d'une monarchie organisée. La gauche n'est plus un parti qui ait des
chances dans les intérêts bourgeois.

Telle est la nature humaine, que les opinions se rattachent difficilement à un parti qui
n'a plus d'avenir; je ne dis pas que la gauche
n'obtienne encore quelques élections : il y a

des localités qui sont assez arriérées dans
le mouvement des idées pour s'imaginer que
quelques hommes honorables, mais vieillis de
principes, sont un drapeau éloquent, une ma-
nifestation hardie. Ainsi rien d'étonnant qu'à
Grenoble, à Châlons, parmi les acquéreurs de
biens nationaux dans la Vendée, on obtienne
des choix de l'extrême gauche, jusqu'au républicanisme même; mais ces élections ne sont
pas même un manifeste; la gauche viendra
s'asseoir sur ses bancs isolés, sans aucune influence sur les mouvemens parlementaires; elle
ne peut plus être gouvernement; elle n'a même
plus cette action sur la classe moyenne qui
la soutenait sous la Restauration. Le jour où
MM. Dupont de l'Eure, Audry de Puyraveau,
Laffitté, Garnier Pagès exerceraient une grande
puissance sur un parlement, ne serait pas bien
éloigné d'une nouvelle révolution, et le pays
n'en veut plus. C'est pourquoi j'ai considéré
l'avènement du ministère de M. Thiers comme

une fatale concession; il peut donner de l'importance à cette gauche extrême, qui n'en a plus aucune dans le pays. Je ne prétends pas deviner l'avenir; il est très-possible que l'esprit du pays se modifie, que les temps de folie et d'agitation surviennent encore; alors la gauche, si elle se fait plus jeune d'idées et de gouvernement politique, pourra reprendre son importance, mais pour le moment elle est écartée de l'administration, et c'est chose heureuse pour la paix des intérêts.

Destinées du parti Odilon Barrot.

La gauche habile, c'est-à-dire la fraction que dirige M. Odilon Barrot, a bien senti le mouvement politique que subit le pays; aussi s'est-elle hâtée de se transformer. Il est évident que les opinions, les principes de l'homme d'esprit et de talent qui dirige cette fraction de la Chambre, ne sont plus les mêmes que ceux qu'il professait hautement de 1830 à 1834. On a effacé avec des larmes de repentir le Compte-Rendu, on l'explique par les circonstances; on le désavoue; évidemment la gauche habile tend à se fondre avec le tiers parti, c'est sa destinée. Peu importe le drapeau et la dénomination qu'elle arbore, qu'elle se nomme première ou deuxième section de gauche, ou même centre gauche, elle renonce et renoncera à toute dénomination trop précise, à tout programme arrêté d'avance; elle reste dans le vague des reproches, recrutant autour d'elle tous les mécontentemens et les déceptions que l'ordre politique a pu faire.

L'opinion Odilon Barrot, ainsi posée, a quelque chance, quand elle aura surtout accompli l'œuvre de sa justification; car il ne faut pas dissimuler que la bourgeoisie a des griefs contre elle; cette bourgeoisie a souvenir des formes de gouvernement qui ont été essayées par la gauche modérée; elle craint toujours

de les voir reparaître avec ses impossibilités.
C'est ce travail qu'accomplit aujourd'hui
M. Odilon Barrot; presque annulé dans la
dernière session, il est certain que l'avènement de M. Thiers lui a redonné de l'importance. Le ministère actuel a besoin des amis
de M. Barrot pour s'affranchir de la fraction
de l'ancienne majorité dévouée à M. Guizot. La
présidence du conseil de M. Thiers a ouvert
la carrière des affaires à la gauche modérée;
unie au tiers parti dans le prochain parlement, elle pourra avoir son ministère. Ici com-
mencera sa position de sueurs et de soucis.
Tant qu'elle n'a que vaguement formulé son
programme, elle a pu se retrancher sur la
fausse direction des pouvoirs; mais si ce pouvoir lui arrive, où seront les excuses? ne sera-
t-elle pas entre son passé et l'impuissance de
marcher avec ses vieilles doctrines? La voilà
donc réduite ou à la nullité de son administration, ou à l'apostasie!

Dans les chances éloignées d'un ministère conservateur, la gauche Barrot serait destinée à former l'opposition; son terrain serait plus net, plus naturel; le pays pourrait décider entre elle et les formes régulières d'un gouvernement placé au sein des opinions conservatrices. Dès aujourd'hui elle cherche à s'unir au tiers parti, et à préparer son triomphe dans les élections prochaines. Il y aura un certain nombre de candidats élus; les préfets nés de la Révolution de Juillet ne lui sont pas opposés. A vrai dire, ils ont plus de sympathie pour elle que pour la fraction du centre que dirige M. Guizot. D'ici à deux années, le combat se livrera net sur ce terrain; la presse travaillera les esprits; cette portion de la gauche trouvera une représentation assez large dans le parlement. Alors sa fusion sera complète avec le tiers parti.

Destinée électorale du tiers parti.

Je crois que si la loi d'élection n'est point modifiée , si la classe électorale reste toujours la même , si on ne pondère pas mieux les positions sociales, les rapports respectifs de la propriété, de l'intelligence, de l'industrie, et la diversité des fortunes, en un mot, si on ne donne pas au pays une représentation plus complète et plus haute, je crois, dis-je, que la destinée du tiers parti, si influent déjà dans la Chambre actuelle, est d'envahir une plus exclusive importance dans le prochain parlement.

Je ne dis pas que M. Dupin ait par lui-même un puissant crédit ; cet esprit si pétillant, si remarquablement caustique n'inspire pas cette considération politique qui se rattache avant tout à la tenue. Il y a eu mille fautes commises ; le tiers parti s'est usé comme pensée, il ne l'est pas comme popularité bourgeoise et

11

mitoyenne; dans les élections, il parlera plus intimement à cette classe nombreuse qui s'est rattachée aux faits accomplis, cette classe qui aime qu'on la dérange le moins possible, surtout pour les grandes choses.

Qui peut nier que M. Dupin ne soit en France l'expression de la petite bourgeoisie, et de ces corporations qui ne sont pas assez élevées pour comprendre les questions générales de gouvernement et de nécessités européennes ? La loi électorale, faite sous l'empire du système Laffitte, a surtout jeté dans les élections les classes inféodées au tiers parti. Les doctrinaires ne sont pas compris par la majorité de ces opinions; ils sont en haine à beaucoup. Les électeurs dans le système de la loi actuelle ne peuvent être entraînés à donner la majorité aux idées de M. Guizot et de M. de Broglie, que par cette double crainte, de l'anarchie à l'intérieur, et de la guerre à l'étranger. Le parti de M. Dupin étant extrêmement modéré,

et ne se séparant des politiques que par de
faibles nuances, n'effraie pas les timides comme
la gauche, et va mieux à leur langue, à leurs
sentimens, à leur allure.

Appelés à opter entre un candidat de M. Guizot, et un ami des principes de M. Dupin, les
électeurs n'hésiteront pas. La parole de M. Dupin, son caractère même, vont parfaitement
aux idées bourgeoises; si l'on n'y prend garde,
la majorité sera là. Et qu'on le remarque
bien; plus ce parti se modifie, plus il se fait
sage, tacticien, plus il se donne de chances de
victoire. Déjà il gourmande les nuances de
gauche qui ne se réunissent pas sous sa bannière; il fait la leçon au parti Laffitte; il s'en
sépare hautement, il proteste contre ses enté-
temens vieillis. Qu'arrivera-t-il enfin dans cette
lutte? De deux choses l'une, ou le tiers parti
aura la majorité, et par conséquent formera
un ministère de ses propres combinaisons,
et dans ce cas la nuance conservatrice devra

se grouper comme une minorité, appelant sans
cesse ses adversaires sur le terrain de la loi,
de la paix et de la protection des intérêts; ou
bien le tiers parti restera minorité formidable,
autour de laquelle graviteront les deux sections
de gauche. Cette situation se produira nette
au prochain parlement, et peut-être même à la
session prochaine, et les chances, je me hâte
de le dire, sont pour un ministère des monarchistes du tiers parti, si la loi électorale n'est
pas mieux mise en rapport avec les forces conservatrices du pays. Il n'est pas possible à
M. Thiers d'échapper à sa fusion avec le tiers
parti; c'est une lutte vaine. Dès qu'un ministère s'est formé en dehors des doctrinaires, le
pouvoir a dû marcher vers le tiers parti; il n'y
avait pas de milieu.

Ancienne majorité ministérielle.

Ce n'est pas l'accident le moins curieux de
la situation que cette prétention de toute part

exprimée dans la Chambre, de dominer la
majorité; tout le monde prétend en disposer :
M. Guizot, M. Thiers, M. Dupin; où est-elle
donc cette majorité, quelle opinion peut justement et fortement la réclamer?

Lorsqu'il existe un grand morcellement
de partis, une majorité ministérielle se forme
plus facilement; le ministérialisme devient
alors une sorte de lien de cohésion, de puissance intime autour de certaines idées qui
forment un centre commun. Quand il y a
un grand éparpillement de principes dans
les opinions indépendantes, on court naturellement se placer sous la bannière du
pouvoir, car cette bannière, chacun peut la
voir et la reconnaître. Puis il y a tant de
personnes qui aiment à trouver une ligne de
conduite toute tracée! La majorité actuelle de-
meurera incontestablement unie sur les questions générales d'ordre public et de paix,
dans tout ce qui tient surtout à la répression

des opinions perverses se montrant les armes
à la main ou conspirant pour renverser ; mais
au fond des nuances diverses qui composent
l'opinion ministérielle, on reconnaîtra facilement que jamais en aucune circonstance il ne
se manifesta de majorité plus morcelée, plus
mélangée d'opinions diverses, antipathiques les
unes aux autres.

On vote ensemble par le besoin commun de
former une majorité, d'accorder son appui
au pouvoir, mais on agit en vertu de principes diamétralement opposés. Il y a des ministériels qui sont pour le moins aussi enthou-
siastes que le tiers parti et la gauche de la
Révolution de Juillet, et la saluent comme
une régénération sociale ; d'autres partent
d'un système matériellement répressif, tel que
le parti militaire l'avait conçu sous l'Empire ;
d'autres enfin ont considéré la Révolution
comme un fait déplorable ; ils se sont ralliés
au pouvoir par la conviction que dans une

société profondément remuée, l'autorité est toujours une garantie qu'il faut soutenir et appuyer de toutes ses forces. Ces diverses nuances marchent de concert dans les crises et les périls du gouvernement, mais en face des questions pratiques et morales, elles tendent à se séparer et à se dissoudre. Chacune de ces opinions parle un langage différent; les paroles de M. Sauzet et de M. de Lamartine ne peuvent être les mêmes que celles de M. Ganneron et du général Jacqueminot, tous hommes également honorables, mais qui dans les principes de gouvernement partent d'une origine essentiellement opposée.

La conséquence inévitable de cette situation, sera qu'à mesure qu'on marchera dans les questions sociales, cette majorité tendra à se dissoudre, et qu'en effet elle sera fortement compromise dans la session prochaine; alors la vieille majorité sera en pleine dissolution. La gauche modérée a instinct de cette

dissolution; elle la prépare en appelant à elle
ce qu'elle nomme le centre gauche; elle sait
bien qu'elle trouvera plus de sympathies dans
cette fraction du ministérialisme; elle cherche
à s'y identifier pour dominer le cabinet.

Ainsi, par la force des choses, l'ancienne
majorité de la Chambre disparaîtra; elle doit
se former sur d'autres élémens, c'est-à-dire ou
sur les principes conservateurs ou sur les opinions du tiers parti; je pense qu'il serait très-
difficile de se maintenir dans la situation actuelle; les colléges en décideront. De ce que des
élections partielles ont donné des choix complètement insignifians, il ne faut pas en conclure que le même esprit présidera aux élections générales.

C'est ce qui a fait les mécomptes de plus
d'un ministre; M. de Villèle lui-même s'était
laissé tromper; les élections générales sont un
grand mouvement qui déjoue souvent les combinaisons les mieux préparées. Chose curieuse,

dans cette activité des esprits, telle est l'effervescence de rénovation, que les mêmes députés
arrivant avec un nouveau baptême électoral, ont
souvent une conviction tout opposée à celle
qui les entraînait dans les précédentes législatu-
res; et l'on se tromperait si l'on croyait toujours
marcher avec la même majorité qui domine la
Chambre actuelle. Elle se modifiera dans son
esprit, dans ses actes, dans sa pensée, et je crois
que c'est dans la session prochaine que la lutte
pourra nettement s'engager.

Avenir de la fraction légitimiste.

La destinée de toute opinion qui veut avoir
une vie politique dans l'Etat, est de se ployer
en définitive aux formes constitutionnelles du
pays. Je pense donc que toute la fraction un
peu raisonnable du parti de droite extrême se
transformera aux prochaines élections, et se
fera centre droit.

Il restera bien en dehors quelques têtes exaltées, des esprits qui ne savent pas marcher, mais tout ce qui est, tout ce qui voudra être sérieux dans le parti légitimiste devra s'organiser en centre droit, seule et véritable position parlementaire qui appartienne au parti conservateur.

Que lui est-il advenu jusqu'à présent de se réunir à l'extrême gauche, de se faire auxiliaire pour démolir? le rôle des légitimistes ne peut être la populasserie; amis du pouvoir monarchique, ils doivent le défendre et le constituer, parce que leurs principes se lient à toutes les conditions de stabilité et de durée. Je crois que le plus grand avenir appartiendrait à la droite, si ses députés, se posant dans la Chambre défenseurs indépendans de tous les principes monarchiques, combattaient les doctrines du vieux libéralisme, soit qu'elles vinssent du ministère, soit qu'elles vinssent de la révolution; il y a de la force à être conséquent!

Ce rôle serait noble, élevé; il forcerait tôt ou
tard le pouvoir à venir chercher appui parmi
les royalistes, et l'on ne sait pas tout ce qu'il
y aurait de puissance pour un parti, dans cette
nécessité imposée à tout ministère de s'appuyer
sur lui; car enfin à mesure que les formes et la
langue monarchiques arrivent, il faut bien que
les hommes qui seuls parlent cette langue par
conscience et habitude entrent dans le mouvement des affaires; on ne comprendrait pas un
ordre politique fondé sur les idées conservatrices sans les véritables conservateurs.

Le mouvement se fera tout seul; il y a honneur à donner la première impulsion! A mesure que les déceptions se montreront plus
profondes, il faudra bien compter avec l'a-
venir. Les royalistes ne savent pas tout le mal
qu'ils ont fait à leur cause, en s'associant aux
principes de désorganisation. Le jour n'est pas
loin où il se formera dans la Chambre des
Députés une honorable fraction de conserva-

teurs qui maintiendra le principe monarchique
avec toutes ses conséquences contre les attaques
de l'esprit révolutionnaire; plus un ministère
se séparera des faits anarchiques, plus il aura
besoin de l'appui de cette fraction; et qui ne
sait que toute opinion qui prête appui sous
le système représentatif est maîtresse du pouvoir qu'elle défend, et n'est-ce rien pour une
opinion que de dominer les affaires?

On marche vers ce résultat sans s'en apercevoir; quand on pense qu'on est parti de
M. Dupont de l'Eure comme commissaire de
l'adresse en 1830 pour arriver en 1836 à M. de
Lamartine, et que M. Sauzet est ministre, on
juge facilement le pas immense qui a été fait.
Nous sommes plus près des vérités gouvernementales aujourd'hui qu'on ne l'était en 1828;
les principes monarchiques étaient alors en décadence; maintenant ils sont en marche ascen-
dante. Si la fraction parlementaire des conservateurs ne prenait pas cette sage résolution,

elle s'annulerait par ses folies ; elle disparaîtrait
peu à peu de la Chambre comme son refus de
serment l'a tout-à-fait annulée dans les élections; et ce serait un grand mal.

D'ici à la prochaine session de la Chambre,
il est essentiel de s'organiser; l'avenir du parti
de la droite dépend de la première bataille
électorale. Quand les royalistes se poseront
purement conservateurs, ils n'effraieront plus
les opinions paisibles, et les hommes qui ont
sympathie pour leurs principes viendront à eux
sans crainte. Tout cela doit arriver si l'on ne
veut se condamner à ces luttes sans but qui
finiraient comme a fini la lutte des Jacobistes
en Angleterre. Je ne sache rien de plus déplorable qu'un parti qui se suicide ainsi quand il
a devant lui une grande et puissante carrière
de gouvernement ou de résistance.

En résumant l'esprit et l'avenir des deux
Chambres, en les opposant l'une à l'autre, il

est facile de voir que tout en concourant au même but, en prêtant au pouvoir une commune majorité, la Chambre des Pairs et la Chambre des Députés diffèrent dans leur personnel et leurs tendances. A la Chambre des Pairs le parti conservateur, avec toutes ses conséquences morales et ses principes, y est en majorité; il y domine, et cela provient de ce que la Révolution y a toujours été considérée comme un fait accompli sans doute, mais qu'on devait laisser comme un souvenir historique, sans jamais que ses conséquences désordonnées pussent atteindre et dominer la pensée du Gouvernement.

Le parti légitimiste pur n'a conservé dans la pairie que deux ou trois organes isolés; il s'est transformé en centre droit conservateur, ayant ses organes, ses hommes de tenue et d'avenir.

De là cette puissance successivement acquise par la pairie, cette domination conquise sur le pays malgré des lois méfiantes et une organisation tout entière dirigée contre l'aristocratie.

La Chambre des Députés, au contraire, est partie de la plus grande extension possible donnée à son pouvoir, la souveraineté absolue, parlementaire, disposant d'une couronne; et voilà que ce haut pouvoir a décliné successivement; le voilà qu'il n'a plus que la troisième place dans le sens légitime des institutions. D'où cela provient-il? c'est qu'après les vives secousses publiques il faut bien que toute chose revienne à sa position naturelle. D'ailleurs, la pensée parlementaire est restée en arrière du mouvement qui s'accomplit; sa majorité et sa minorité, quoique fortement divisées, sont demeurées dans les conditions du vieux libéralisme, et il n'y a que quelques esprits distingués qui s'en détachent.

La Chambre des Pairs a au moins pour elle l'intelligence profonde des affaires; dans la

Chambre des Députés, la majorité agit le plus souvent sans la connaissance rationnelle des faits, sans la pratique administrative. Donnez une loi à faire à la Chambre des Pairs, elle en sortira pleine et complète, avec toute perfection de travail et de prévoyance; imposez-lui le devoir d'une procédure, même des plus difficiles, elle la suivra avec dignité. Mettez le même travail dans la Chambre des Députés, elle ne manque pourtant pas d'actifs jurisconsultes, et vous verrez si cette élaboration sera réfléchie et praticable : l'expérience l'a prouvé.

L'esprit des deux Chambres est aussi différent qu'il peut l'être, quoique leur vote soit souvent commun; je sais bien que cette diversité forme une des pondérations du système constitutionnel; c'est un contrôle mutuel que les deux pouvoirs exercent l'un sur l'autre; porté aux extrêmes c'est un embarras dans le jeu de la constitution. Le point de cette séparation est surtout le sentiment moral avec

lequel les questions monarchiques sont exa-
minées. La Chambre des Pairs veut un pouvoir fort, hiérarchiquement constitué, avec
des conditions politiques d'existence, à savoir :
une royauté puissante et héréditaire, une noblesse constitutionnelle qui l'entoure, une aristocratie fondée sur la propriété, sur les grandes
industries et sur l'intelligence, une religion
respectée par la loi, prêtant sa force au pouvoir et en recevant les hommages. La majorité
ne veut abolir ni le 21 janvier, jour de deuil
pour une tête de roi qui tombe, ni ce culte
extérieur qui réjouit de ses vieilles pompes
les villes municipales du midi. La pairie veut
rendre à l'épiscopat son éclat et son pouvoir
spirituel, à la monarchie ce dévouement qui
fait que l'on s'honore du titre de sujets du
père de la patrie; elle n'a point horreur d'une
antique race, lorsque le prince qui gouverne
sort de cette noble tige, laquelle protégea tous
les systèmes librés, en Hollande, en Suisse, et

dans des temps tout modernes, la république des États-Unis et l'indépendance de la Grèce. La Chambre des Pairs veut rendre à la plus haute considération l'action des préfets dans les provinces; elle n'est point l'ennemie des libertés locales; elle sait que confiées aux propriétaires du sol, ces libertés ne sont que l'expression des besoins et des intérêts; mais elle veut aussi que l'action administrative et centrale demeure dans toute sa plénitude; elle veut surtout que des principes d'anarchie ne soient point jetés dans la constitution de la commune; elle combat l'organisation démocratique, qui soumet le grand propriétaire, dans le conseil général ou municipal, à n'être que l'égal ou l'inférieur de l'homme d'affaires et du fermier.

La Chambre des Députés voit-elle les questions sous le même point de vue? a-t-elle les mêmes antipathies pour les formes et les principes de révolutions? conçoit-elle les insti-

tutions monarchiques sous un même aspect?
n'a-t-elle pas une petite jalousie des supériorités, une haine intime de l'aristocratie?
Le nom de Bourbon lui fait mal; elle ne veut
d'autre passé historique que la Révolution de
1789; elle réprime matériellement, mais elle
croit le pays satisfait lorsque l'ordre règne sans
les conditions durables qui le constituent; elle
a répugnance pour les majorats, l'hérédité et la
noblesse; elle ne comprend qu'imparfaitement
la question religieuse. La majorité en est encore
à la société du dix-huitième siècle; elle traite
des matières du culte non point avec cette conviction profonde, ce respect de la foi qui est
le caractère de la société actuelle, mais avec
cette indifférence demi-voltérienne qui daigne
protéger une croyance et l'admettre au denier
de la patrie.

Cet esprit si divers des deux Chambres doit
jeter nécessairement de l'embarras dans la marche du Gouvernement; l'esprit de la pairie do-

minera-t-il le mouvement politique, ou bien
subirons - nous la souveraineté des amis de
M. Odilon Barrot? En Angleterre , une lutte
violente paraît s'engager entre les deux Chambres; la Chambre des Lords se tient sur la
défensive; elle résiste. En France un mouvement opposé s'opère ; ce ne sont point les
Communes qui grandissent, mais la pairie qui
prend de l'ascendant sur la société. C'est un
phénomène qui s'explique par les causes déjà
dites, c'est qu'en France ce n'est point la liberté
qui est menacée , mais l'ordre moral, la hiérarchie , la puissance publique. Nous avons eu tant
de saturnales, qu'il n'est pas étonnant que la
société lève les mains vers le pouvoir qui veut
fermement s'associer à la couronne dans ses
pensées d'ordre et de réorganisation.

Les deux Centres.

Il y a de vieilles choses en politique, je le sais, qu'on ne reconstitue plus ; les dénominations passent avec les idées et les temps qui les ont vu naître ; je ne crois donc pas qu'il soit possible de rétablir dans leur acception absolue et surannée les dénominations de centre droit et de centre gauche.

De trop notables changemens se sont faits dans les opinions depuis 1830 ; les situations ne sont plus les mêmes, le principe du Gouvernement s'est modifié, les partis ont fait un grand pas. Ce qui pouvait paraître une opinion

avancée sous la Restauration est maintenant
un parti timide et conservateur; une ancienne
fraction du vieux centre gauche s'est fondue
aujourd'hui dans les opinions qu'on pourrait
appeler centre droit; l'ancienne deuxième section de gauche s'est depuis qualifiée centre
gauche : elle tend à jouer ce rôle de ministérialisme capricieux et inquiet, qui caractéri-
sait ce parti à d'autres époques.

Tout cela découle naturellement de la situation nouvelle que le pouvoir a prise en France.
Après une révolution qui a tout ébranlé, les
opinions n'ont pu rester immobiles; il s'est fait
une marche en avant. Il était impossible que
sous l'empire d'une constitution émanée de la
souveraineté parlementaire, le classement des
partis demeurât le même que sous l'empire
d'un gouvernement paisiblement établi par son
propre droit, en vertu d'un antique principe
d'hérédité, alors que la Charte venait de la
couronne.

Toutefois l'expression centre droit et centre gauche est merveilleusement propre à exprimer deux idées, deux couleurs d'opinions très-dessinées dans la société, et qui doivent trouver leur double et naturelle expression dans le parlement.

Les deux centres existent partout; ils sont la grande forme sociale; les extrémités n'en sont que les exceptions; aux temps paisibles même, les deux centres doivent successivement absorber tout ce qu'il y a de vitalité nationale dans la droite et dans la gauche; les sociétés ne sont pas indéfiniment condamnées à vivre d'excès.

Aux époques de passions et d'orage politique, les centres se résignent à s'effacer; ils demeurent sous l'empire de ces agitations qui ne permettent pas aux opinions calmes de se manifester; mais à mesure que ces périodes exceptionnelles s'affaissent, les centres reprennent leur influence pacifique, et c'est ce qui consolide l'ordre et la paix du pays.

Les centres excitent la haine et les mo-
queries, car leur opinion n'étant pas excen-
trique, n'a rien qui frappe les yeux et appelle
la popularité. Il est possible que quelques sentimens intéressés se mêlent à la conviction personnelle du bien ; je ne fais pas l'éloge du ministérialisme ; il y a là des votes qui prennent
leur source à d'autres instincts que la conscience ; ceux-là ne sont pas comptés dans les
appréciations philosophiques d'une société.

Quand je parle des centres, j'entends dire
les opinions calmes et modérées qui, en partant d'un point différent, se rapprochent néanmoins dans la patriotique mission de rassurer
les intérêts, de consolider la paix au dehors et
l'ordre à l'intérieur.

J'ai besoin maintenant de caractériser ces
centres, d'établir leur histoire, de renouer
leurs annales ; afin de bien constater leur force
et leur état actuel. C'est parce que les centres
ont éprouvé de nombreuses transformations

qu'il est utile de préciser aujourd'hui leur caractère réel, en un mot ce qui constitue le
corps de leurs doctrines, ce qui prépare leur
avenir.

Il existe à la Chambre des Députés, comme
dans la France même, deux nuances différentes,
lesquelles se séparent de principes, d'instinct,
de sentiment, d'origine, et qui néanmoins se
retrouvent sur le même terrain pour la défense
de l'ordre et de la paix publique. Ces deux
opinions se disputent le ministère ; elles y
ont été long-temps représentées dans une
sorte de coalition ; mais, je le répète, comme
elles partent d'origines diverses, il existe des
tiraillemens, des embarras, des entre-chocs
d'opinions. En ce moment les choses en sont
venues à ce point, que ces deux centres ont
pris antipathie l'un envers l'autre ; de telle
sorte qu'un vote commun sera désormais une
des difficultés de la situation.

Depuis la formation du ministère de

M. Thiers, il y a eu des morcellemens incroyables de partis dans la Chambre; M. Guizot se proclame vainement chef de la majorité; il n'en dispose pas à lui seul, et s'il veut essayer sa puissance, qu'il ose une fois entraîner cette majorité dans un vote contre M. Thiers; il ne le peut pas. Est-ce qu'il répond, par exemple, de l'appui de MM. Jay, Félix Bodin et Las Cazes? ne marchent-ils pas de concert avec lui, à la seule condition que sa politique ne se séparera pas de M. Thiers? C'est donc chose indigne de la haute position de M. Guizot de se donner comme le chef d'une vieille majorité qui n'existe plus. La Chambre des Députés est aujourd'hui définitivement divisée en deux centres; on a beau nier ce fait, il nous entoure et nous presse. Le vote commun n'est plus possible; il se continue, parce que l'état actuel n'est pas normal et qu'il n'est plus qu'une transition. Ces deux centres ne sont pas seulement dans la Chambre, ils sont sur-

tout dans le pays. Arrivent les prochaines élections, et l'on verra toute la puissance de ces
idées, et la division bien complète entre les
deux fractions du pays. Il vient des temps où
tous ces mélanges d'opinions disparaissent.
Chaque chose retourne à sa nature originelle.

Centre droit.

———

A mesure que les faits se démêlent et que les partis sortent du chaos, il est impossible de nier que les opinions du centre droit, quoiqu'elles n'osent point encore se nommer, aient dans ce moment une certaine représentation, soit dans les pouvoirs politiques, soit dans les intérêts, soit dans le pays.

Jetez les yeux sur la Chambre des Pairs; est-ce que ce centre droit n'y est pas fort, puissant, maître absolu des suffrages? Vainement une sorte de tiers parti veut prendre une place au sein de cette majorité; le centre droit y est trop absolument dévoué aux idées d'ordre et de reconstruction sociale; pour que la vive parole de M. de Pontécoulant puisse trouver de nombreux amis, même en invoquant les vieilles divinités du progrès.

Le centre droit use de ménagemens; il n'ose point tout ce qui lui paraît nécessaire dans l'intérêt de l'ordre monarchique, mais, en définitive, il est maître de la majorité de la Pairie dans des nuances diverses.

Parmi les Députés, au contraire, ce centre droit se trouve en minorité; il peut servir d'auxiliaire au pouvoir, mais il ne peut complètement le dominer; s'il est fort par ses doctrines, il est numériquement faible dans les scrutins; il faut savoir l'avouer. Au conseil des ministres, l'opinion conservatrice n'est plus représentée, comme à l'époque de MM. de Broglie et Guizot.

Sans doute, historiquement parlant, ceux-ci n'avaient pas toujours appartenu au centre droit;

sous la Restauration même, ils étaient classés
dans le centre gauche avancé; mais on n'est
pas après une révolution dans la même situation politique; les choses se modifient. Quand
un pays passe du principe de légitimité à la souveraineté parlementaire, les partis marchent.
MM. de Broglie et Guizot ont beau nier leur
position, elle est sentie par tous, reconnue et
constatée par les faits; ils sont entourés d'honorables amis qui tous appartiennent au nouveau centre droit; ils trouvent répugnance de
la part du centre gauche, tel qu'il s'est aujour-
d'hui constitué. Il y a haine profonde contre
les anciens ministres; MM. de Broglie et Guizot
renient vainement ce qu'ils sont; ce qu'ils sont
n'en est pas moins un fait dont tout le monde
sent l'invincible autorité.

Dans le pays, le centre droit trouve aujour-
d'hui une expression sur les listes électorales,
et plus encore en dehors, car il y a mollesse
parmi ces électeurs pour aller aux colléges.

Supposez, ce qui tôt ou tard arrivera, que
le bon tiers d'électeurs de ce centre droit qui
ne s'est point fait inscrire, veuille user enfin
de son privilége; supposez que la fraction de
droite qui se corrige chaque jour, et celle qui
par refus de serment ne va pas aux élections,
s'unissent pour prêter aide sincèrement aux
opinions conservatrices, et que toutes consen-
tent à faire un nouveau torysme; croit-on
que ce centre droit n'aura pas de puissantes
forces dans le parlement et au dehors?

Pour se rendre parfaitement compte des
destinées du centre droit, il est essentiel d'examiner plusieurs points successifs; à savoir :
1º quels sont les caractères politiques du centre
droit; 2º quelles ont été ses différentes périodes historiques d'existence et de transformation; 3º enfin, quelle mission et quels devoirs
lui sont imposés.

§ Ier.

Caractère et esprit du Centre droit.

Tout parti dans la société, comme toute
nuance dans une Chambre, se distingue habi-
tuéllement par un côté saillant et en relief. Le
caractère spécial du centre droit fut toujours
un dévouement à la prérogative royale, un désir plus vif de se rapprocher des principes et de
la force du Gouvernement. Il y eut constamment
dans ce parti tendance à soutenir le pouvoir, la
liberté morale et fortement réglée; l'autorité
lui paraît le premier besoin politique des sociétés, après surtout les grandes révolutions.

De là cette facilité qu'un ministère trouve
avec le centre droit; c'est le côté le plus facile
à conduire, car il n'est point précisément parti;
il sert de contre-poids à droite et à gauche : les
excès lui déplaisent; il aime une politique pai-

sible découlant de sa source naturelle, qui est
le pouvoir, pour se retremper dans des libertés
pacifiques et légales.

Le centre droit n'aime pas les exagérations;
il s'y oppose, soit qu'elles viennent du ministère ou des partis; rarement il refuse son appui quand on le sollicite en vertu des idées
d'ordre et de force sociale; il a naturelle tendance pour les grands principes qui fondent
nécessairement le système monarchique. Ainsi
on lui a fait violence quand on a aboli l'hérédité de la pairie. Le jour où l'on proposerait des
lois politiques et municipales qui fonderaient
sur des bases plus larges et plus rationnelles le
système de la monarchie, le centre droit les ap-
puierait; car il veut non seulement les résultats,
mais les moyens indispensables d'y arriver.

Le centre droit se rattache aux questions positives surtout; il ne s'est jamais laissé séduire
par ces illusions en matière de finances et de
budgets, au moyen desquelles on voulait si étran-

gement secouer les charges indispensables; il
sert les besoins du pays, et non point les désirs
vagues et indéfinis des partis.

Le personnel administratif tel qu'il est composé dans les départemens ne va ni à ses opinions ni à ses intérêts, et néanmoins il le
subit sans murmures; il s'y soumet, attendant
un temps meilleur. Il reconnaît que la loi actuelle des élections, avec son égalité inflexible
et son cens unique, peut produire de fâcheux
résultats, alors que les esprits ne seront plus
préoccupés par la peur; mais il ne veut point
troubler la paisible jouissance des droits de
chacun; le *statu quo* lui paraît un avantage
déjà, dans une société incessamment remuée
par les passions; il veut la monarchie et les
institutions monarchiques avant tout.

Les défauts du centre droit sont inhérens à
cette nature molle qui le rattache invariablement à tous les faits accomplis; le centre droit
n'examine pas assez théoriquement les ques-

tions politiques; sa faiblesse pour le pouvoir lui fait quelquefois oublier les priviléges constitutionnels; il est par sa nature le soutien de l'autorité, et peut-être pas assez de la constitution. Quand il se préoccupe d'une idée, il marche droit à sa réalisation, sans prendre garde si les droits consacrés sont suffisamment garantis; sa tendance ministérielle est peut-être trop absolue; il diffère du centre gauche en ce que celui-ci part des théories politiques pour arriver au positif du pouvoir, et souvent ces théories l'égarent, tandis que le centre droit part du positif du pouvoir pour arriver ensuite aux libertés constitutionnelles. Le centre droit est préférable comme gouvernement dans les temps où la société, fortement ébranlée, a besoin de prêter secours à l'autorité.

Et quand je parle du centre droit, je ne désigne pas, je le répète, une fraction de Chambre, une nuance d'opinion dans le parlement, mais

une immense majorité de paisibles citoyens
dans le pays; cette fraction est partout en
France, elle est obéissante et peu raisonneuse;
elle embrasse la masse des propriétaires, une
grande partie de la haute bourgeoisie, les opinions enfin qui font la force et la sécurité des
gouvernemens. Consultez les préfets; ne vous
répondent-ils pas que ce centre droit est l'o-
pinion la plus facile à conduire, quoiqu'elle
boude encore? et pourtant elle a vu la Révolution de Juillet avec crainte; elle était attachée
à ce qui est tombé; elle est venue aux faits
accomplis moins par sentiment que par cette
raison froide qui la fait accourir vers un principe d'ordre et de sécurité. Le jour qu'elle ira
tout entière aux élections, la monarchie prendra cette force et ce relief qui se rattachent à
la propriété et à l'influence territoriale.

§ 11.

Histoire du Centre droit.

J'ai dit que dans les situations politiques qui
se sont succédées depuis vingt ans, le centre
droit avait éprouvé bien des transformations;
les événemens lui ont fait naturellement subir
leur secrète et publique influence; avec quel
admirable dévouement cette opinion paisible de
propriétaires n'avait-elle pas soutenu l'Empire
tant que la pensée de Napoléon avait été de reconstruire l'ordre social! Quand cette pensée
commence à s'égarer dans les guerres meur-
trières, quand l'action administrative violente
se transforme en despotisme, cette opinion
murmure, mais elle obéit encore; elle est mal
à l'aise avec tout système violent. Aussi ac-
courut-elle au-devant de la Restauration, gouvernement d'ordre, avec un entraînement ir-

résistible; elle domina les deux Chambres dès 1814; elle forma aussi majorité dans cette courte période du ministère de M. de Blacas et de l'abbé de Montesquiou qui précéda la crise des Cent-Jours.

A cette époque de transition brusque et de mesquine épopée, le centre droit se retire absolument du Gouvernement et de la représentation active; il s'annule; et de là ce marasme, cette absence de toute force, qui est le caractère du gouvernement des Cent-Jours.

L'époque réactionnaire de 1815 arrive; le centre droit a des griefs à venger; les Cent-Jours l'ont blessé au cœur, et pourtant il ne s'associe qu'avec répugnance à cette fougue royaliste qui veut tout emporter. Quand cette réaction va trop loin, l'opinion du centre droit se réveille et fait résistance : qui prépara avec conviction l'ordonnance du 5 septembre? qui en fut l'auteur véritable, le promoteur le plus sincère? M. Lainé, type de cette opinion du centre qui voulait gouverner la société par des principes de modération et de durée.

Le centre droit est maître des affaires après l'ordonnance du 5 septembre ; il se met à l'œuvre sous le ministère du duc de Richelieu : quels sont ses actes et ses premiers services ? Le voilà d'abord réglant par une loi d'élection les formes du Gouvernement du roi, assurant successivement la liberté de la presse, préparant par une bonne loi, les garanties diverses de l'administration ; et ensuite, comme couronnement de son œuvre, ce centre droit, par l'organe du duc de Richelieu, son plus noble interprète, assure la délivrance du territoire et l'immense mouvement de crédit public, qui de cette époque prend son impulsion.

Et ce résultat si heureux, ce n'est point aux hommes qu'il en faut faire honneur, mais aux opinions conservatrices et modérées du centre droit : les négociations avec les cabinets deviennent plus faciles, lorsque tous ceux qui traitent sont forcés de reconnaître que le gouvernement et ceux qui l'appuient sont dominés par des principes de modération et de probité.

L'histoire politique jusqu'en 1818 s'explique tout entière par l'action du centre droit : c'est à cette époque que commencent ses craintes et ses alarmes, car alors le centre gauche et la gauche s'emparent de M. Decazes, et l'entraînent vers des principes dangereux.

Ici le centre droit s'ébranle; il se sépare avec peine du ministère, et il le fait dans l'intérêt du pouvoir; ses sympathies pour la droite sont timides, modérées; néanmoins, selon son habitude, il préfère le monarchisme, la doctrine de l'autorité, aux incertitudes et aux chances d'un mouvement trop prononcé dans le sens de la révolution. A mesure que le ministère Decazes et Gouvion-Saint-Cyr se rapproche plus de la gauche, le centre droit s'en sépare plus nettement; il hésite un moment encore, quand l'élection de l'abbé Grégoire détermine un retour de M. Decazes sur lui-même. Alors le pouvoir reconnaît la nécessité de modifier la loi d'élection; le centre droit offre pour cela son appui à M. Decazes; il le promet, il le donne jusqu'au jour où l'assassinat de M. le duc de Berry fait surgir de nouveau le ministère du noble duc de Richelieu.

Dans cette situation il était difficile de s'arrêter; le ministère de reconstruction qui sauva la Restauration de l'anarchie en 1820, époque d'émeute et de conjuration menaçante, avait à lutter contre le centre gauche et la gauche. De là le besoin d'attirer à lui l'extrême droite, et c'est ce qui marqua la seconde période du ministère Richelieu. Alors entrent au ministère, indépendamment de M. Lainé, expression du centre droit, MM. de Villèle et de Corbière, chefs de la droite pure, et quand les royalistes extrêmes renvoient le ministère Richelieu, le centre droit soutient les premiers temps de l'administration de M. de Villèle, tant il a peur des opinions de la gauche!

Puis se montre un peu le caractère de faiblesse et de condescendance du centre droit;
son extrême désir de ne point empêcher l'action du pouvoir le rend docile à tous les actes
du ministère de M. de Villèle; il vote dans
cette majorité compacte des trois cents, qui ne
fut pas le résultat d'une corruption, mais d'un
système. Il faut laisser aux banalités de partis
cette accusation de corruption qu'ils jettent si
souvent contre les majorités compactes; il y a
moins qu'on ne croit d'âmes vénales dans les
pouvoirs. Les majorités autour d'un système se
forment d'opinions paisibles ou fatiguées qui
craignent le résultat d'une lutte trop vive entre
les partis. La vie active de l'opposition déplaît
au centre droit; c'est donc avec peine que quelques unités se détachent du système de M. de
Villèle, alors qu'il se jette dans des voies religieuses trop fortement marquées.

Au sein de ce ministère même se forment
deux nuances : tandis que M. de Peyronnet

marche vers la droite extrême, MM. de Villèle et de Chabrol se font l'expression du centre droit; ils balancent par leur influence le mouvement trop actif qui entraîne la politique vers les extrémités. Le ministère de M. de Martignac arrive au pouvoir, et cette administration, à laquelle justice est aujourd'hui rendue, sur quelles bases se forme-t-elle ? sur ce principe qu'il faut que le Gouvernement se place au centre droit et qu'il attire à lui le centre gauche. C'est qu'ici est la véritable position du pays; le pouvoir y trouve tout à la fois consistance et popularité. Et quand je parle de popularité, je n'entends point ce cri de la rue, cette opinion qui remue les pavés ou éclate par la sédition, mais l'appui franc et national de cette grande opinion de propriétaires, d'hommes intéressés à la chose publique. Le ministère Martignac fut renversé par la double intrigue de la gauche Sébastiani, qui voulait avoir un ministère à elle, et par la droite extrême, qui voyait avec dépit l'autorité royale chercher des appuis autre part que dans son sein.

Voici donc maintenant le centre droit en présence du ministère Polignac; que devait-il faire? Ce ministère il ne l'aimait pas; il craignait ses folies; devait-il, pouvait-il brusquement le renverser? le centre droit avait respect profond pour la prérogative royale, son tempérament n'était pas de tenter les événemens en préparant les crises.

Aujourd'hui que les opinions moins passionnées comprennent plus parfaitement les ménagemens politiques, aujourd'hui qu'on fait tant de concessions pour éviter des embarras au pouvoir, on doit s'expliquer cette conduite du centre droit ne voulant point s'associer à un refus de concours de la part de la Chambre des Députés, et votant avec les 181. L'adresse était pour lui une hostilité trop vive; car elle allait au renversement. Il y a des hommes paisibles à toutes les époques qui n'aiment pas en politique les expériences hardies, les grands coups de majorité qui renversent les systèmes; ils préfèrent les expédiens plus modestes et plus doux; ceux-là sont les véritables amis du pouvoir.

La révolution trouva le centre droit en assez bon nombre dans la Chambre des Députés; mais les événemens étaient d'une nature si violente, si en dehors des habitudes et des opinions du centre qu'il en fut comme anéanti; l'on peut dire qu'il se retira non seulement des affaires, mais de la vie, car ses deux organes les plus nobles, les plus puissans, M. de Martignac et M. Lainé, en reçurent le coup de la mort; l'un s'éteignit après le procès des ministres, l'autre vécut d'une âme souffrante après cette prophétie terrible : « Les rois s'en vont. » Tous deux furent frappés au cœur.

Ce fut dans la nouvelle Chambre de 1831 que le centre droit éprouva sa véritable transformation. Je l'ai dit, il est impossible qu'un

événement d'une nature aussi profondément
active ne change pas la destinée des opinions;
une Révolution et une Restauration n'ont rien
de semblable : la souveraineté royale et la souveraineté parlementaire ne peuvent produire la
même combinaison de votes. Ainsi le personnel du centre droit se trouva modifié ; on
avança d'un pas : bien des unités du centre
gauche de la Restauration devinrent naturelle-
lement centre droit dans le nouveau système ;
et pour définir sans équivoque ce qui peut aujourd'hui se nommer centre droit, je com-
prends dans cette catégorie tous ceux qui ne
veulent pas de la monarchie sans les élémens
moraux qui la fondent. Le centre droit appelle
donc : 1° l'hérédité de la pairie comme une condition du gouvernement monarchique; 2° la supériorité des classes élevées, de la propriété sans
distinction d'origine dans le jeu des institutions
politiques et municipales; 3° la reconnaissance
d'une aristocratie composée d'après de nou-

veaux élémens, la fortune, l'intelligence, l'industrie, mais active et prépondérante, pour
l'associer à la couronne ; 4° l'action religieuse non point comme une abstraction dans
l'Etat, mais se mêlant à sa constitution, lui
prêtant sa force morale d'éducation et de principes; 5° le pouvoir royal, la prérogative de la
couronne, non plus enveloppés sous de mes-
quines chicanes, mais agissant largement et
profondément sous la responsabilité ministérielle.; 6° l'unité du pouvoir ne trouvant
plus sa force exclusive dans un système de
police ou de répression violente renouvelé du
Directoire, mais l'unité confiée à des ministres déléguant leur autorité à des fonctionnaires qui puissent s'avouer haut et exercer
partout en province une action salutaire sur
les classes hiérarchiquement constituées. Quand
ces classes seront toutes rattachées au gouvernement, alors on verra l'ordre s'établir de
lui-même; les factions seront impuissantes

contre l'appui du sol et des intérêts propriétaires; l'Europe ne nous verra plus avec méfiance. Le centre droit, c'est l'opinion gouvernementale, et c'est pourquoi il est indispensable à la vie de tout pouvoir solide et fort.

§ III.

Avenir du Centre droit.

Comme je ne crois pas qu'une nation raisonnable, qu'un peuple d'intelligence veuille avoir la chose sans les moyens, une monarchie sans les institutions et les intérêts qui la fondent, je maintiens qu'en définitive le pouvoir doit arriver au centre droit. Je ne fixe pas l'époque de ce mouvement; il n'en est pas moins infaillible. L'Angleterre a été glorieusement gouvernée par les tories depuis l'avènement de la reine Anne. Pendant cette période, les whigs n'ont paru au pouvoir que comme des acci-

dens. Si l'on veut faire attention au pas que
nous avons fait depuis cinq ans, en partant
de la désorganisation sociale de cette époque
pour arriver à l'unité actuelle du gouvernement,
quel progrès depuis M. Dupont de l'Eure jusqu'à M. Sauzet, depuis le pillage de l'archevêché
jusqu'au cardinalat de M. de Cheverus ! Il faut
bien admettre qu'on a marché pour aboutir aux
véritables principes de la monarchie représenta-
tive. Les opinions que je viens de qualifier sont
en minorité dans la Chambre des Députés, en
très-petite minorité même ; j'admets aussi
qu'elles sont en minorité dans le corps électoral tel qu'il est aujourd'hui composé; mais
que le ministère pénètre jusqu'aux entrailles du
pays, et partout il rencontrera une voix intime
et mystérieuse ; elle révèle la présence d'une
opinion forte qui veut ce que le centre droit
désire et demande.

Cette opinion se recrute chaque jour des
hommes honorables qui, sans abandonner tout-

14

à-fait le principe qu'ils ont vu tomber avec douleur, viennent au secours de l'ordre, et sans discuter la question d'avenir, apportent au gouvernement l'appui de leur grande fortune, la prépondérance de leur nom et l'action pacifique de leur autorité morale. Laissez marcher le temps, les répugnances s'effaceront; chaque jour amènera des adhésions nouvelles; il y a d'inévitables rapports entre la terre et le pouvoir; Napoléon le savait bien.

La génération qui s'élève, quand elle ne s'est point jetée dans les folies du républicanisme, a nourri son éducation du sentiment religieux et du principe d'autorité qui caractérise le centre droit. Le libéralisme lui semble une vieille école, l'unité du pouvoir est bien plus aujourd'hui dans les esprits que l'anarchie des idées; la génération nouvelle marche au positif dans les affaires publiques.

Quand une opinion est ainsi posée, elle doit grandir; malgré tant de clameurs et de

défiances, ne s'est-elle pas montrée dans la
Chambre, ne se manifeste-t-elle pas déjà dans
l'élection ? Et c'est un fait remarquable que
cette opinion qui s'avance, quand tout l'ordre
social a été pour ainsi dire constitué contre
elle : la loi électorale, l'organisation départe-
mentale, l'égalité de la garde nationale, tout
tend à la placer dans une position inférieure,
subordonnée, et pourtant elle se fait jour partout, elle se féconde, elle trouve à chaque
instant de nouveaux adeptes, elle compte
chaque année des voix de plus au parlement
et au dehors; attaquée avec esprit par les opinions extrêmes qui la repoussent, elle n'en a
pas moins un ascendant visible et saisissable.
C'est qu'elle est le sol; un fait social de cette
importance doit trouver sa représentation ; le
centre droit est fort parce qu'il est l'ordre;
il est immense parce qu'il est la morale et la
religion ; il faudra bien que tôt ou tard il s'or-
ganise, et qu'il cherche à devenir majorité

dans les élections et dans la Chambre des Députés comme il l'est dans la Chambre des Pairs et dans le pays.

Le rôle des conservateurs commence d'une manière puissante, parce que la lutte change de face. Tant qu'il ne s'est agi que de réprimer l'émeute, le désordre matériel, toutes les fractions honnêtes de la Chambre, quels que fussent leurs principes et leurs préjugés, ont dû prêter aide et appui au gouvernement menacé : tout est venu en aide ; mais aujourd'hui que ce grand danger est passé, la bataille est véritablement engagée sur un terrain plus étroit, entre ceux qui veulent laisser la monarchie entée sur les idées révolutionnaires, et ceux qui veulent l'appuyer sur un principe de force éternelle, sur la propriété, l'ordre et la hiérarchie des rangs et des classes qui en sont l'indispensable cortége.

Il n'y a plus de gauche extrême, d'orateurs véhémens qui ébranlaient le sol et secouaient les passions politiques; les opinions sages n'ont plus besoin de se grouper pour arrêter le débordement des mauvais principes; de là cette lutte intestine dans le sein même de la majorité. Il faut que d'ici à un terme prochain le ministère se dessine; il faut qu'il passe à l'une ou à l'autre fraction, qu'il établisse son système monarchique sur les bases agitées du programme de Juillet, ou qu'il le mette en rapport avec la hiérarchie, en France comme en Europe. L'option est inévitable.

Dans ces deux hypothèses, le centre droit a un beau rôle à jouer. Si le ministère se dessine dans le sens de la Révolution, eh bien, que ce centre devienne alors opposition raisonnable; qu'il abandonne le pouvoir à ses impossibilités; qu'il le laisse appelant la gauche à son aide, la gauche avec ses utopies et ses supériorités inquiètes; que l'esprit de M. Dupin appelle à son secours le talent de M. Odilon Barrot. Au moins tout sera net dans cette com-

binaison; le pays saura où est le principe monarchique, les lois éternelles de l'ordre et de
conservation : on laissera la gauche maîtresse
d'un ministère.

Que si au contraire la destinée veut que le
centre droit arrive aux affaires, alors qu'il fasse
nettement un appel au pays. Le temps peut
n'être point venu pour un triomphe, mais au
moins, comme les conservateurs en Angleterre,
on aura acquis une minorité telle, que le
pouvoir, s'il ne veut aller à la gauche, sera
obligé de prendre appui parmi nous. Et d'ailleurs, au temps où nous vivons en France, le
rôle de M. Peel serait-il tant à dédaigner? Il y
a des époques où rien n'est plus beau que le
rôle de minorité; quand la force de la société
est avec nous, qu'importe le nombre? Quel
noble hommage ne reçoivent pas les hommes
politiques quand ils voient successivement
toutes les opinions se ranger à leur principe,
et avouer humblement qu'elles avaient erré!

Il y a des témoignages qui vous grandissent bien; il est indifférent alors qu'on soit dans un ministère ou au dehors; la puissance est avec vous!

Centre gauche.

———

Pendant une certaine époque, le centre gauche a joui en France d'une grande popularité; on a même dit que le pays était là, et que cette fraction représentait ses intérêts, ses idées et le progrès. Aussi voyez-vous depuis quelque temps la gauche impuissante pour produire quelque chose par elle-même, en vertu de ses propres destinées, se grouper sous l'étendard commun du *centre gauche*. Non seulement elle en prend la dénomination, mais encore elle en prépare les projets, elle en veut réveiller la vieille attitude pour s'assurer la même place dans le pays. C'est qu'en effet les opinions de renversement n'ont plus de prise aujourd'hui; elles font peur, elles s'offrent menaçantes : on n'en veut plus.

D'où résulte dans chaque parti un besoin de se rattacher à une idée moins saillante, à un principe moins vif, moins menaçant. Le centre gauche plaisait au pays, parce qu'il s'était posé comme un progrès, sans menacer comme une révolution. On prend donc, on entoure ce drapeau en ce moment pour ne pas alarmer les intérêts, comme s'il suffisait de choisir une dénomination pour en réveiller les idées et en renouveler les principes !

La gauche peut se transformer, elle peut même se repentir de ses vieilles doctrines; toutefois elle n'aura jamais la popularité politique de l'ancien centre gauche; sa position nouvelle est un humble aveu qu'elle s'est trompée ou qu'elle a trompé pendant quinze ans; il faut en prendre note. C'est un grand bien pour les doctrines conservatrices que ces aveux successifs d'impuissance de la part de leurs adversaires. La Révolution est de sa nature si désorganisatrice, qu'elle n'a même pas pu former une opposition régulière; après s'être laissé pleinement désarçonner du pouvoir, il y avait là tant de décousu, tant de nuances diverses, qu'on n'avait pas encore pu se réunir en whig contre un ministère qu'on proclamait de toute part tory !

Le centre gauche n'est donc aujourd'hui que la gauche modifiée et repentante; différentes questions vont se rattacher à son existence. Je dois donc, comme pour le centre droit, examiner divers points de politique et de statistique, à savoir : 1° quels ont été les caractères spéciaux du centre gauche; 2° son histoire et ses transformations successives ; 3° enfin les destinées qui lui sont actuellement réservées.

§ Ier.

Caractères du Centre gauche.

L'ancien centre gauche, tel qu'il se forma
sous la Restauration, était surtout composé
d'hommes à études fortes, sérieuses et systé-
matiques, profondément instruits dans les matières constitutionnelles. Personne ne disputera
la science à ce côté de la Chambre des Députés qui
votait avec M. Royer Collard, et dans la Chambre des Pairs avec le duc de Broglie. Il y avait là
connaissance approfondie de l'histoire, intelligence de la richesse publique, étude des lois et
des forces du gouvernement; mais ces hommes
si forts, si instruits dans les théories, étaient
peu capables d'applications gouvernementales,
en un mot de ce système de faits et de pratique
qui constituent la police sociale. Les appeliez-
vous dans un conseil pour la rédaction d'une

loi, pour la confection d'un acte? ils s'y po-
saient comme des espèces d'impossibilités ; ils
en énuméraient les inconvéniens avec une dia-
lectique pressante et impérative; mais si vous
leur demandiez de reconstruire, ils ne produi-
saient que certaines formules inflexibles, lesquelles devenaient des projets inexécutables.
Il y avait là beaucoup d'hommes honorables,
mais défians pour le pouvoir, fiers surtout de
leur propre importance, ayant l'exagération
contraire du centre droit, toujours si facile et
si bienveillant pour le ministère ! Le centre
gauche était une fraction dont on pouvait difficilement se passer, et qui, marchant avec
vous, devenait un obstacle à chaque pas, ce
qui faisait dire à M. Decazes : « Le centre droit
nous aide trop, et le centre gauche pas assez. »

Aujourd'hui une transformation s'est opérée;
le nouveau centre gauche a conservé beaucoup
des défauts et peu des avantages de cette
ancienne fraction de la Chambre; composé

d'une fusion de la gauche avec l'ancien tiers
parti, il n'a plus cette haute éducation constitutionnelle des amis de MM. Royer Collard et
Camille Jordan; ceux de ces hommes importans
que la mort a épargnés siégent maintenant au
centre droit ou sont dans les affaires. Le centre
gauche actuel ne saurait avoir l'esprit de l'ancien, parce qu'avec la même difficulté d'application, il n'a rien de son éducation parlementaire et scientifique; le nouveau centre
gauche a le parlage du vieux libéralisme; c'est
un mélange de doctrines impériales et de l'opposition des quinze ans. Il y a là de l'esprit, des
études superficielles, mais peu de science d'affaires; les talens positifs y sont plus rares encore; on y trouve une haine profonde de l'aristocratie, la philosophie du dix-huitième siècle
en est la religion, M. Thiers le ministre par ex-
cellence, car il en a le décousu, l'insouciance
administrative, la légèreté gouvernementale.

Si ce côté de la Chambre était appelé à constituer le ministère, à lui donner l'appui de quelques uns de ses membres, ne croyez pas qu'il appelât jamais le centre droit à son aide; son attitude naturelle serait de tendre la main à la gauche et de marcher conjointement. Si aujourd'hui le centre gauche a un vote commun avec le centre droit, c'est que le ministère retient le frein; laissez-les marcher en liberté, et vous les verrez se montrer hostiles l'un à l'autre. C'est une alliance contre nature, fragile comme celle des deux extrémités de droite et de gauche (légitimiste et révolutionnaire), qui votent de temps à autre contre les ministres. Pour les centres, c'est une résignation, comme pour les extrémités un coup de désespoir qui ne peut pas durer.

Le caractère du centre gauche actuel est donc une grande incertitude d'opinions, sautillant à travers un changement perpétuel de principes et de système. Il n'a ni doctrines fixes ni puissance d'organisation, point ou peu d'in-

telligence des affaires. Pour se convaincre que le
centre gauche d'aujourd'hui n'a que peu de
rapports avec cette fraction historique de la
Chambre, j'ai besoin de dire ses transformations; elles sont nombreuses dans cette longue
agitation que le système représentatif a jetée
dans notre histoire.

§ II.

Histoire et Transformation du Centre gauche.

L'origine du centre gauche est moins ancienne que celle du centre droit : celui-ci
était né avec la monarchie restaurée elle-
même; le centre gauche, au contraire, n'a dû
venir qu'à la suite de l'examen rationnel des institutions politiques du pays. C'est à peu près
en 1818 qu'on vit poindre le centre gauche. A
cette époque commençait à se montrer la gauche extrême avec ses répugnances, ses souvenirs de l'Empire et des Cent-Jours. En présence

de cette opposition de renversement il se forma donc une nuance qui, adoptant les institutions constitutionnelles et la légitimité, voulut servir de contre-poids tout à la fois à la droite et à la gauche exagérée.

Ce centre gauche grandit à mesure que la droite se montrait plus hostile à M. Decazes; le ministre fut même obligé de lui demander appui; il fit alors ses conditions, et en 1819, sous le ministère de M. Gouvion Saint-Cyr, il est pleinement et complètement maître des affaires. M. Dessolles se plaça dans le centre gauche, cherchant à attirer le centre droit à lui; mais cette position était fausse, et le ministère fut obligé de demander appui à la gauche exigeante, impérieuse, difficilement ralliée encore au gouvernement des Bourbons.

Quand M. Decazes est forcé d'abandonner cette position par l'aspect de ses impossibilités et surtout par le choix menaçant de M. l'abbé Grégoire, le centre gauche, qui voit le pouvoir

lui échapper, fait quelques concessions au ministère, il abandonne plusieurs points discutés
de la loi des élections, de concert avec le parti
purement doctrinaire; il veut entraîner M. Decazes à lui par une nouvelle Charte électorale.

Les événemens marchent avec trop d'impé-
tuosité pour cela. Le second ministère du duc
de Richelieu se forme et se rallie sous la bannière du centre droit. Sa position était difficile,
car il avait à reconstituer la société fortement
ébranlée par les agitations de toute espèce.
Il y avait deux routes toutes tracées devant le
ministère : appeler la droite extrême à l'aide
du centre droit, et alors faire entrer dans le
cabinet MM. de Villèle et Corbière, ou bien se
rallier le centre gauche.

C'était le vœu du conseil. Le centre gauche fit des difficultés, il voulut être maître et
non point auxiliaire; de là son attitude dans
la session de 1820, les discours si éloquens
d'opposition de MM. Camille Jordan et Royer

Collard contre la nouvelle loi électorale, la rupture complète du ministère avec le centre gauche; enfin le triomphe de la droite sous le ministère de M. de Villèle.

Aux élections de 1823 le centre gauche disparut presque absolument, mais sa popularité avait grandi. Il arrive une époque dans un pays où les passions s'attiédissent, et alors on pousse et on popularise ces opinions mixtes qui adoptent ce qui est, tout en favorisant les voies du progrès. Les élections partielles qui eurent lieu sous l'empire de la septennalité fortifièrent considérablement le centre gauche; les colléges, tout en faisant de l'opposition au ministère de M. de Villèle, voulaient prouver à la monarchie qu'ils n'envoyaient pas des hommes hostiles, et le centre gauche ne l'était point alors; il appartenait à la Restauration.

C'était ici la politique des temps calmes. Quand la lutte est ardente et vivace, on envoie le régicide abbé Grégoire en face d'une royauté légitime; aux époques paisibles, mais mécontentes, l'opposition se formule en M. Royer Collard. Les partis ont besoin d'abord de jeter leur haine avant de devenir habiles et tacticiens.

La popularité du centre gauche sous la Restauration date de cette partie de la fin du ministère de M. de Villèle; l'éclat qu'alors il jeta fut grand. Jamais opposition ne fut mieux conduite, mieux combinée; en ce temps on put dire avec quelque raison que le centre gauche c'était la France.

Les élections de 1827 lui donnèrent une forte représentation dans la Chambre : qui ne se souvient des réunions Ternaux, de ce groupe de députés s'élevant alors jusqu'à la majorité dont les chefs étaient MM. Royer Collard, Rambuteau, Bourdeau, etc.? La combinaison du ministère Martignac reposa sur ce principe : « que le gouvernement devait se placer dans le centre droit, et attirer vers lui le centre gauche. Aussi dut-il faire quelques concessions aux individualités; il y eut des conseillers d'Etat pris non seulement dans la défection Agier, mais encore dans tout ce qui marchait sous la bannière du centre gauche. Il ne tint point à M. de Martignac que M. Guizot lui-même ne fût replacé au conseil d'Etat en service ordinaire; j'en ai la preuve.

Ces concessions ne furent point assez notables sans doute, car ce côté s'en montra mécontent; il ne fut jamais complètement au ministère de 1828; il prêta appui, mais avec répugnance et rancune.

L'esprit de M. de Martignac ne lui convenait pas; le centre gauche avait choisi comme représentation dans le ministère deux hommes d'un caractère différent, placés dans une position délicate. J'entends parler de MM. de Vatimesnil et Saint-Cricq. M. de Vatimesnil était passé de l'extrême droite aux opinions du centre gauche sans transition; l'esprit et les

opinions de M. de Saint-Cricq l'en rapprochaient
également. Tous deux hommes de talent, ils
furent l'espérance du centre gauche; le ministère de M. Bourdeau devint une concession
nouvelle; elle ne satisfit pas.

Ce fut par une brouillerie avec le centre
gauche que le ministère Martignac fut si profondément ébranlé à l'occasion de la loi mu-
nicipale. Alors la plus grande partie de cette
fraction de la Chambre s'était unie à la deuxième
fraction de gauche, représentée par M. Sébastiani. Son vote décida la ruine d'un ministère
de modération et de progrès.

A l'administration de M. de Martignac suc-
cède le ministère Polignac; et c'est ici que le
centre gauche se décide à porter les grands
coups; il était tout-puissant; il voulait avoir son
cabinet. M. de Polignac cherche à lui donner
une représentation dans le conseil en M. de
Courvoisier, expression de l'ancien centre gauche; et comme s'il suffisait de jeter un nom à

un parti, M. de Courvoisier s'efforce de réunir quelques unités du centre gauche; de là ses conférences avec M. Ternaux. La scission éclate plus profonde encore dans la Chambre. Tandis que le centre droit, effrayé, n'ose affronter la crise, le centre gauche se réunit entièrement à la gauche dans la résistance des 221 : l'adresse fut son ouvrage.

Ce fut cette école parlementaire qui jeta pour la première fois dans la société l'idée du refus de l'impôt et du refus de concours; elle l'avait empruntée à l'Angleterre. On ne prévoyait pas la crise aussi prochaine; on la posait néanmoins comme une possibilité. D'où ce chiffre de 1688 si souvent répété, cette prévoyance d'un changement de dynastie indiqué pour un avenir plus ou moins lointain, ces publications de mémoires sur la révolution anglaise, ces histoires du mouvement parlementaire à cette fatale époque qui en finit avec les Stuarts.

C'était ici une indication sans être un désir,

une sorte de précaution à toutes chances. La révolution de 1830 trouve le centre gauche à son
poste parlementaire ; il sanctionne par son vote
toutes les conséquences de la révolution. Cela
devait être ; pour lui la royauté n'était pas une
affection, mais un principe. Alors il se croit naturellement maître des affaires, il les saisit ;
mais sa position était complètement changée.
On ne manie pas les faits et les idées après une
grande révolution comme aux temps paisibles
et progressifs d'un gouvernement assis. Le
centre gauche ne fut plus alors une opinion
avancée, mais une force de résistance ; il ne
poussa plus le mouvement, il l'arrêta. Ses
dangers vinrent de la gauche, des opinions extrêmes qui le dénoncèrent comme un débris
du système tombé ; le vieux centre gauche disparut, et se fit centre droit dans sa nouvelle
position. Il fut le premier noyau des conservateurs, car l'ancien centre droit s'était effacé ;
ses quelques unités se réunirent à ce premier

groupe, et tout cela forma le banc ministériel.

Cependant la situation se compliquait. Tant que la vive lutte des partis jetait dans la société des perturbations profondes, il n'y avait pas eu de division dans les fractions monarchiques de la Révolution de Juillet ; aux temps réguliers, les nuances arrivent. L'extrême gauche s'était usée sous le ministère Dupont et Laffitte ; à ses côtés il existait une autre opinion modérée, mais mécontente, qui avait pris le nom de tiers parti : elle avait des petites haines contre le ministère, d'invincibles répugnances pour M. Guizot et M. de Broglie ; elle faisait une sourde opposition au sein des Chambres ; ce tiers parti essaya son ministère, et ce ministère dura trois jours. Dès lors morcelé, incertain, ce tiers parti eut besoin de prendre une dénomination nouvelle ; on se rappela l'ancienne popularité du centre gauche, on voulut le reconstituer, le recrépir ; on proclama hautement ce symbole. Dès lors le nouveau centre gauche chercha à attirer vers lui la deuxième nuance, le parti Odilon Barrot, et la fusion devint inévitable. Aujourd'hui toute la question est de savoir si l'avenir du pays est dans les mains de cette faction parlementaire, dont la capacité gouvernementale et l'éducation politique sont au moins un problème; enfin s'il y a possibilité de constituer un pouvoir ou une opposition sur cette base. Le centre gauche n'est que la majorité de la vieille gauche restaurée, se débarrassant des unités intraitables qui forment les extrémités du parti, extrémités qui sont pour le nouveau centre gauche ce que la droite extrême est pour le centre droit; l'un et l'autre sont en dehors des affaires. La véritable lutte se dessine entre les centres; le pouvoir politique ne peut pas en sortir.

§ III.

Destinée du nouveau Centre gauche.

Le but de tout parti qui a son expression parlementaire est de devenir pouvoir ou de s'organiser en opposition de telle manière qu'il puisse se donner une grande existence dans le pays. Telle est la situation des whigs et des tories en Angleterre; quand l'un des partis tombe, l'autre se place sur le terrain d'une opposition forte, rationnelle, éclairée, et je ne sache pas qu'en ce moment la destinée des tories soit moins brillante que celle du cabinet whig, et que le rôle de lord Palmerston soit préférable à celui de M. Peel, celui de lord Melbourne au rôle du duc de Wellington. Cela tient à plusieurs causes : d'abord à cette organisation aristocratique qui place tous les états, toutes les puissances sociales dans une longue

et grande hiérarchie; ensuite dans cet esprit
d'ordre, de gouvernement et d'études sérieuses qui caractérise les hommes d'Etat en Angleterre. Dans ce pays, l'homme d'Etat se
donne une mission; il consacre toute sa vie à
l'exécution du plan qu'il s'est proposé, de la
pensée qu'il a conçue; chez nous, on prend
le plus souvent une position à l'improviste,
on ne la choisit pas, elle arrive comme for-
tuitement; on y est presque toujours environné d'inquiétudes; on se jalouse les uns les
autres : tout succès parlementaire est discuté,
la parole éloquente même d'un ami politique
jaunit d'envie les pâles figures qui l'entourent;
on se jette au parlement sans études préalables;
mille drapeaux sont arborés, on se dispute dans
l'opposition comme dans le ministère; on a
horreur en quelque sorte de la discipline.

C'est ce qui se produit surtout dans la
fraction qui a pris le titre de centre gauche;
son but doit évidemment se résumer en deux

idées : ou elle veut envahir le ministère, ou elle doit se faire opposition avec son importance dans la Chambre. Sa destinée comme ministère me paraît indiquée; il est impossible que d'ici à la session prochaine, M. Thiers ne s'associe pas quelques noms de la gauche modérée; et ce sera une nécessité périlleuse, car il y là peu d'hommes d'affaires, peu d'esprits surtout capables de comprendre la question de gouvernement. La gauche modérée se résigne jusqu'à présent à soutenir le ministère de M. Thiers; elle n'est aujourd'hui ni gouvernement ni opposition; elle est placée sur un terrain singulier : elle aide le pouvoir sans être le pouvoir.

Il n'y a pas assez d'études dans cette fraction de la Chambre; il y a plus d'esprit que de tenue, plus de saccades que de force. Le ministère de MM. Barrot et Dupin serait forcé, pour avoir la majorité, d'attirer à lui la gauche, et de là ses impossibilités; car enfin il ne suffit pas d'être ministres, il faut avoir une série d'idées

pratiques sur l'intérieur et l'extérieur prêtes à
être mises en action; or, où est le programme
de ce nouveau cabinet? serait-ce le compte-
rendu, l'amnistie, la conversion, la propagande?
Comme opposition, le centre gauche a-t-il plus
d'avenir? Sans doute, je le répète, il pourra
s'accroître d'une multitude d'unités; dans les
élections prochaines, le nombre de ses votes
grandira, mais le nombre ne constitue pas toujours la force d'une opposition; c'est surtout
l'unité de pensées, la persévérance des opinions, la puissance des faits, la grandeur des
principes qu'on soulève. Une opposition pourrait compter une imposante quantité de boules,
et pour cela n'être pas plus formidable, si surtout elle se rattachait aux petits intérêts, aux
questions incidentes, à cette guerre sans discipline et sans but qui harcèle un ministère sans
qu'on ait la conscience et la force de s'emparer
du pouvoir.

Le danger que fait naître l'existence du

centre gauche pour le ministère de M. Thiers, c'est qu'il constitue sur les débris de la vieille majorité une majorité nouvelle qui a plus de sympathies pour les doctrines de la révolution que pour les opinions gouvernementales. Cette crise avait menacé le dernier ministère de MM. Guizot et Thiers ; on se rappelle qu'en plusieurs circonstances ce ministère ne fut pas maître de sa majorité ; une fraction s'en détacha pour voter ostensiblement avec l'opposition, ce qui est un mal moral qu'un pouvoir ne peut pas long-temps subir.

La première condition d'un système représentatif, c'est que la majorité soit parfaitement disciplinée, et qu'elle n'échappe point à une idée, à un principe de gouvernement ; après avoir chassé l'anarchie de la société, il est essentiel aussi de la chasser des pouvoirs. Il arrivera un temps, après les nouvelles élections, où tout rentrera dans une parfaite hiérarchie ; alors commenceront les desti-

nées du centre gauche. Une crise électorale
peut lui donner le pouvoir; c'est un résultat
très-possible; mais il y aura cela d'heureux
même dans ce résultat, que les opinions ne
seront plus confondues, et le parti conservateur pourra faire alors une véritable opposition au nom des principes d'ordre éternel.
Que si au contraire les conservateurs trouvent un légitime triomphe dans les élections
d'avenir, la destinée du centre gauche est
de se discipliner lui-même, de ne plus former un groupe d'unités sans consistance,
plein de vanités jalouses et inquiètes. L'ancienne destinée du centre gauche peut lui
échoir; si les capacités d'études, de réflexions
grandissent dans son sein, la gauche étant annulée, il est évident que toute l'opposition
doit se fondre dans une nuance plus douce et
moins hostile. Le rôle des whigs peut appartenir à cette fraction de la Chambre. J'oubliais
pourtant de dire que ce qui a fait la force, la

puissance du whigisme en Angleterre, c'est qu'il repose encore sur l'aristocratie, et c'est une des grandes causes de sa haute éducation et de sa dignité de parti.

En résumant les caractères généraux qui constituent chacun des deux centres, une grande question, à mon avis, paraît décidée; c'est que dans la marche régulière des institutions, le pouvoir ne peut plus désormais sortir de ces deux nuances au parlement et dans la société; l'extrême droite comme l'extrême gauche sont hors de cause; la constitution d'un ministère ne peut désormais appartenir qu'au centre droit ou au centre gauche. Toute la question est donc de savoir laquelle des deux combinaisons est préférable.

Toutefois un ministère de coalition, formé par la fusion des deux centres, a beaucoup de partisans, car il reproduirait l'image de cette situation sociale qui tôt ou tard doit finir par une transaction. Dans l'état du personnel et de la composition des centres, cette union matérielle de deux opinions si méfiantes l'une de l'autre, si en opposition de principes, de sentimens, d'affection, n'offre ni un caractère moral ni un principe de durée. Les majorités de coalition en Angleterre ne sont nées qu'à la suite des temps, alors que les passions étaient calmées et que les aspérités politiques s'effaçaient de plus en plus. Sans doute le meilleur gouvernement parlementaire serait celui qui exprimerait cette fusion de partis et de couleurs, mais malheureusement je ne crois pas possible que ce résultat soit atteint.

Il faut se prononcer une fois pour toutes entre les deux centres, et placer le Gouvernement dans l'un ou dans l'autre. Le centre gauche actuel est avide d'absorber le pouvoir et de l'entraîner à sa suite; il a conservé de la popularité et de l'ascendant sur les opinions bourgeoises; il n'est point en lui-même des-

tructeur ; il veut l'ordre et la paix avec la même
persévérance que le centre droit sans doute;
mais, s'il s'emparait pleinement du pouvoir, sa
position serait mauvaise : comment se met-
trait-il en rapport de principes et de vues avec
les besoins et les idées des gouvernemens de
l'Europe? comment pourrait-il agir seul et se
passer de la gauche? S'il s'appuyait sur le centre
droit, son rôle ne serait-il pas une apostasie
constante, un abandon absolu de son passé?

Le Gouvernement paraîtrait bien plus facile,
placé dans le centre droit. Je sais que les vieilles
positions se reproduisent difficilement, mais à
mon avis, la meilleure situation pour un pouvoir
serait celle qu'avait su prendre le ministère
Martignac; celui-ci s'était placé dans le centre
droit, pour attirer à lui les unités modérées
du centre gauche. Le centre droit prêterait
sa force gouvernementale, ses maximes conservatrices; il se donnerait plus de consistance
encore en s'associant les hommes dévoués qui

votent par conviction avec le pouvoir quand il reste dans des pensées de conciliation et de rapprochemens.

Cette combinaison arrivera-t-elle? je l'ignore; mais, je le déclare, si le pouvoir avait à se prononcer entre des forces égales qui se disputeraient la majorité; s'il lui était démontré que le centre droit lui offre autant de chances dans les votes qu'une autre fraction de la Chambre, il ne devrait pas hésiter à le choisir; et pourquoi? c'est que le centre droit présente les conditions suivantes : 1° facilités de rapports avec l'Europe, et communauté de doctrines conservatrices pour le maintien des traités; 2° étude pratique du Gouvernement, dévouement éclairé au pouvoir. Le centre droit a des habitudes administratives, il ne sème pas des difficultés taquines; il s'associe franchement au gouvernement sans méfiances et sans trahison; il a l'intelligence plus haute, plus rationnelle des besoins intimes de la société; il veut reconstituer l'ordre moral comme l'ordre matériel, et prête ainsi un loyal appui à toutes les mesures de réorganisation politique.

A tout dire, le centre droit est le principe permanent du pouvoir; le centre gauche ne peut être qu'un accident et une transition. Il tiendra les affaires une ou deux sessions; c'est là sa durée comme gouvernement du pays.

La présidence du Conseil

DE M. THIERS.

Je ne crois pas que la présidence du conseil ait été spontanément choisie par M. Thiers. Il pouvait la désirer, l'entrevoir pour l'avenir; son ambition présente n'était que le ministère des affaires étrangères. La présidence lui a été conseillée; d'autres disent qu'elle a été imposée. Il y a un peu de tout cela : la haute position de M. Thiers a tout à la fois été une question de vanité et de nécessité.

Maintenant qu'on est au faîte de l'édifice, la

tête tourne; il y a de ces vertiges qui saisissent et ébranlent le cerveau; on aperçoit qu'on s'est placé dans une région trop élevée. On doit rendre cette justice à M. Thiers, qu'il sent que les esprits n'étaient pas préparés à ce pas de géant; il sent qu'il n'avait pas encore la consistance suffisante pour exercer la grande action du pouvoir.

Aussi qu'arrive-t-il? Jusqu'ici tout ministère sortait de la majorité; il apportait avec lui une idée fixe de gouvernement : sous M. Périer, c'était la paix et la répression de l'émeute; sous M. le maréchal Soult, la création d'un bel état militaire; les doctrinaires avaient un inflexible plan de répression, un système avec ses avantages et ses défauts, mais enfin c'était un système.

Quelle est l'idée prédominante de la nouvelle administration? quelle est la mission d'ordre et de morale politique qu'elle s'est donnée? Le pays n'a pas pris au sérieux ce programme

de réconciliation qui consiste à se tenir immo-
bile entre deux fractions de Chambre pour
chercher une majorité de droite ou de gauche,
selon l'occurrence; la vie politique, comme la
vie sociale, c'est l'action. Lord Melbourne,
qu'on veut imiter, est whig; il vote avec eux,
il a 3oo voix dévouées au parlement; quelles
voix peut compter M. Thiers, quel parti est
avec lui, quelle opinion le soutient?

Cette situation si bizarre a pourtant des
conditions de vie, elles résultent du caractère
même du nouveau conseil. Quand on est pris
dans une couleur incertaine, on n'a pas de signification; on échappe aux coups quand on
n'a pas de corps. Pendant toute la session ac-
telle, le ministère pourra, en ne se dessinant
pour personne, se créer une position à part;
il louvoyera entre deux opinions qui se disputent le pouvoir. Il n'y a pas de questions qui
puissent le faire tomber, la Chambre les élude,
les évite; on dirait qu'il est fort de sa faiblesse,

et qu'il est puissant de son absence de toute
conviction politique.

En France il faudra juger si une pensée in-
saisissable pourra durer; on a bien vu des
ministères sans couleur vivre six mois, huit
mois, mais au-delà il faut prendre un parti;
M. Decazes put se retrancher quelque temps
dans son système de bascule, entre le centre
droit et le centre gauche, et il vous dira, si
vous l'interrogez, quelles ont été ses sueurs
pour arriver enfin à la chute la plus profonde
et la plus irréparable.

Comment voulez-vous que deux opinions
hostiles vous approuvent également, vous soutiennent avec sympathie, protégent vos efforts
et vos actes? Comment avoir le vote commun
de M. Guizot et de M. Odilon Barrot? Il faudrait se condamner pour cela à l'immobilité,
et la mission du pouvoir est de marcher incessamment vers un but.

Tant que les opinions dans la Chambre pourront se promettre d'attirer le ministère vers elles, il y aura suspension d'armes; on ne voudra pas rompre avec le cabinet, on le poussera, on l'entraînera sourdement, car on le considère comme le prix de la victoire. M. Barrot a tout aussi bien envie d'un porte-feuille que M. Guizot; c'est une très-naturelle ambition que celle du pouvoir; il n'y a qu'en France où elle puisse être dénoncée comme l'expression de la cupidité ou d'une pensée vul-gaire; et cela vient de ce que parmi nous on commence sa fortune aux affaires. En Angle-terre, par la noble action du système aristo-cratique, tout homme politique naît classé; il est whig ou tory. En France, un portefeuille est une source de fortune, et c'est ce qui abaisse les positions politiques.

Suspendu entre deux majorités, M. Thiers peut durer par l'insignifiance de ses mesures; cette hésitation finira à la première question décisive; on les craint ces questions, mais

elles arriveront de toute nécessité; elles surgissent comme d'elles-mêmes dans la marche
des événemens; une pétition, un amendement,
une loi d'intérêt local peuvent tout à coup
devenir le champ de bataille où les deux partis
qui prétendent au ministère se livreront combat; un ministère périt aussi bien par un incident que par une des plus hautes questions
politiques, par l'inanition que par une attaque
forte et régulière; seulement il faut bien remarquer que M. Thiers quittera plus difficilement les affaires que M. Guizot : il n'est pas
homme à démission sérieuse.

Précisons un peu toutes ces idées dans l'examen des questions suivantes : Quel est le personnel du ministère? quel appui peut-il trouver
dans la Chambre des Pairs et dans la Chambre
des Députés, dans la presse, dans le pays? quel
système va-t-il suivre, et quelle sera sa destinée
aux affaires?

§ Ier.

Personnel du ministère.

Ce livre n'est point destiné au scandale;
c'est une appréciation sérieuse, je le répète,
et critique des hommes et des choses, de la
situation ; je laisse donc à part les tristes bio-
graphies qui fouillent dans la vie intime des
personnes que la fortune élève un peu haut.

La présidence du conseil de M. Thiers n'a
point surpris ; elle m'a toujours paru comme
une nécessité de la révolution * ; elle devait arriver tôt ou tard; il vaut mieux qu'elle se soit
aujourd'hui accomplie. M. Thiers n'est point
l'homme de la liberté; il y a chez lui un instinct de répression, un besoin de pouvoir, de
centralisation, un mélange du système impérial et de l'éducation révolutionnaire ; une

---

* *Voyez* le Gouvernement de Juillet, les Partis, 1835.

phraséologie libérale et une volonté de tout
centraliser, de tout absorber; son système de
pouvoir paraît reposer sur cette pensée, qu'a-
vec la police, l'armée et l'administration on
peut répondre d'une société et se jouer de la
puissance des idées morales. Or, un tel système
peut durer quand il a pour lui la victoire et la
prospérité publique, et quand il n'a pas contre
lui la presse libre, l'intelligence, un système
électoral, une conscription d'égalité, des Chambres discoureuses et inquiètes en face de l'autorité. Autrement il est environné de périls,
la terre manque aux pieds.

La valeur personnelle de M. Thiers n'est
pas assez grande pour importuner l'Europe;
M. Thiers ne tient précisément à aucune opinion; il les sacrifie toutes aux nécessités pré-
sentes. Le corps diplomatique trouve très-
commode de traiter avec lui; il avait à se
plaindre de M. de Broglie. Depuis cinq ans
surtout les grandes ambassades se sont accou-

tumées à ce qu'on s'ouvrît à elles; M. de Broglie n'avait aucune expansion; il se concentrait
en lui-même et ne communiquait qu'officielle-
ment pour ainsi dire avec les ambassadeurs.
M. Thiers a la qualité contraire; il parle beaucoup, il s'engage, il reflète mieux la pensée
que le corps diplomatique est habitué à consul-
ter et à respecter. L'Europe considère M. Thiers
comme l'homme qui s'est le plus irrévoca-
blement compromis à l'égard du mouvement,
comme la main la plus propre à assouplir
et à perdre cette tourbe révolutionnaire, qui
reçoit si facilement le joug quand il arrive d'une
main qu'elle a créée et armée. M. Guizot n'aurait point osé tout ce que peut M. Thiers.

Et avec cela, le nouveau président du conseil
possède une incessante variété d'expédiens et
de ressources; il a toujours un motif pour chaque acte, un raisonnement pour chaque résolution, et incontestablement de l'esprit pour
toutes. M. Thiers se ploie parfaitement devant

tout ce qui a la tête haute; il n'est pas le même
homme devant la pairie que devant la Chambre
des Députés; il a deux langues, deux théories, il suit facilement les inspirations de
tout ce qui a de l'importance. A la Chambre des Députés, il reste dans une sorte de
camaraderie qui lui réussit; et comme il n'est
pas travailleur, il y supplée par un imperturbable aplomb, par une multitude de con-
naissances superficielles qui plaisent et saisissent. S'il n'inspire aucun de ces attachemens
politiques vifs et profonds qui viennent aux
hautes capacités, on ne peut pas le haïr;
on ne peut le prendre en répugnance comme
M. Guizot; il vous échappe quand on veut le
saisir, il sautille d'une opinion à une autre, il
a un certain langage d'ostentation, une phraséologie gouvernementale qui laisse toujours
croire que le ministère a tout vu, tout prévu,
tout dominé, et Dieu sait ce qu'il en est!

A la Chambre, il passe d'une théorie à une

autre, toujours avec la prétention de dominer les débats et d'expliquer comment il avait eu raison dans deux partis si divers; de l'indifférence voltérienne il viendrait, en cas de besoin, au catholicisme rigide.

Dans toutes les administrations que dirige M. Thiers, il y a deux résultats constatés : d'abord il s'accumule un arriéré d'affaires, de signatures; il faut lui donner un état-major de directeurs, de secrétaires-généraux, de sous-secrétaires-d'Etat; ensuite il se forme autour de lui une atmosphère de désordre dans le budget de son ministère : ses amis disent qu'il n'en est point coupable, qu'il laisse faire et qu'il ne fait pas le désordre; ceci est possible, mais le résultat est le même. Toute la journée de M. Thiers se passe dans des causeries qu'il aime à prolonger, parce qu'il y brille et qu'on l'écoute.

M. Thiers a peu de travail au ministère des affaires étrangères. Tout se résume là en quelques dépêches de second ordre; M. Thiers sait très-bien que les grandes affaires se traitent autre part; on ne les lui communique même pas. Cette présidence du conseil et ce ministère des affaires étrangères sont donc des titres sans importance; ils ont été donnés et pris comme une situation.

La partie curieuse du caractère politique de M. Thiers, c'est que, poussé aux affaires par la fraction du tiers parti de la Chambre, il est en opposition avec cette école décousue sur presque tous les points. En économie politique, il proclame le système protecteur; en administration, la centralisation; en diplomatie, l'alliance européenne. Il est ici en arrière des doctrinaires; mais que n'excuse-t-on pas dans un ami de révolution? Les élémens de durée du ministère de M. Thiers sont précisément dans ce qu'il est sans couleur, et qu'aujourd'hui les opinions sont tièdes et l'atmosphère politique sans vie; quand une situation est insignifiante, tout se met en harmonie avec elle.

M. de Montalivet, qui tient le ministère de
l'intérieur, a déjà passé par les affaires; c'est
un de ces dévouemens que l'on appelle sans
que pour cela un système soit profondément
altéré; M. de Montalivet est un peu en avant
de M. Thiers comme opinion. Il n'a aucune
répugnance à quitter la majorité doctrinaire
pour s'en créer une autre dans le tiers parti.
Comme administrateur, M. de Montalivet est
préférable à M. Thiers; sa probité est incontestable; il porte un nom respecté au ministère
de l'intérieur. J'ai toujours aimé à rendre justice à un souvenir qui honore la fermeté de
M. de Montalivet; on dut à ses efforts la
vie des malheureux ministres de Charles X
lorsque l'orage populaire grondait autour du
Luxembourg! C'est un caractère loyal, mais
un esprit sans spécialité politique, entouré,
fatigué par des amitiés qui se raccro-
chent aux douces facilités de son caractère
pour le dominer. Ne mettez point devant lui

17

de puissantes idées d'hommes d'Etat, il s'y
élèverait difficilement. Son ministère ira plus
activement que sous M. Thiers, avec la
loyauté de plus, ce qui est bien quelque
chose dans les affaires administratives. Je regrette qu'un esprit aussi sincère et aussi droit
se soit laissé aller, en plus d'une circonstance, à des déclamations sans but contre
l'époque de la Restauration qui eut la justice
et le mérite d'élever le nom de M. de Montalivet à la pairie.

M. d'Argout est bien placé au ministère des
finances; caractère d'activité minutieuse, d'une
probité attentive, il apportera dans ce département, comme au ministère de l'intérieur et
à la Banque de France, les traditions administratives de l'Empire. M. d'Argout est un de
ces noms politiques qui peuvent entrer dans
toute combinaison, pourvu que le principe
soit monarchique et que le pouvoir soit constitué. C'est par obéissance plutôt que par con-

viction qu'il a pris un portefeuille à côté de
M. Thiers. Consultez un peu le fond de son
âme, il a peu de goût pour le président du
conseil; il a plus d'un souvenir de petites trahisons d'une autre époque : mais M. d'Argout
s'est fait une habitude de ne jamais refuser son
dévouement quand on le met à l'épreuve; il
céderait son portefeuille avec le même empres-
sement qu'il a mis de répugnance à l'accepter.
Cette obéissance dans les affaires publiques est
un tort; il n'y a plus de gouvernement représentatif là où chaque homme politique n'a
pas la puissance et la volonté d'un système.
On doit entrer aux affaires ou en sortir par le
sentiment de ses propres forces et de sa valeur.
En Angleterre, on siége au conseil et l'on s'en
exclut, en vertu de ses idées.

M. le maréchal Maison, dans cette longue
série de résignations, a aussi abaissé son bâton
de maréchal de France devant la présidence du
conseil de M. Thiers; il s'était montré plus dif-

ficile sous la Restauration qui lui donna le gouvernement de Paris et ce noble titre de maréchal ; j'effacerai volontiers de cette vie militaire le souvenir de Rambouillet. Quelques jours ministre des affaires étrangères à l'origine du mouvement de Juillet, le marquis Maison ne put rester au conseil par des causes révélées avec trop de malignité par M. Thiers pour qu'on doive y ajouter foi. L'histoire de ses ambassades à Vienne et à Saint-Pétersbourg a laissé des souvenirs de l'homme de salon plutôt que du caractère politique. Toutefois l'alliance continentale est dans ses habitudes et ses goûts ; il la préfère à l'union intime avec la Grande-Bretagne ; il en a pris la pensée à Vienne et surtout à Saint-Pétersbourg. L'administration de la guerre a trop de souvenirs de l'expédition de la Morée pour avoir toute confiance dans le ministre. Le marquis Maison s'efface tant qu'il le peut comme principe politique ; il s'absorbe dans sa spécialité ; lui et M. l'amiral Du-

perré peuvent faire partie de toute combinaison, en apportant leurs souvenirs de guerre,
leur illustration de vieux capitaines. Les cinq
ministres, MM. Thiers, de Montalivet, d'Argout,
Duperré et Maison , forment la partie obéissante
et spécialement dévouée à la pensée habile
qui, de cette manière, est maîtresse de la majorité du conseil ; le but est atteint sous ce
rapport, et c'est ici évidemment une force pour
le ministère, car enfin il a retrouvé l'unité
sous une volonté plus haute et une capacité
puissante à qui le pays doit déjà tant!

La partie qu'on peut appeler parlementaire
du cabinet se compose de trois noms seulement : MM. Sauzet, Passy et Pelet (de la Lozère); tous trois appartiennent à des nuances si
mitoyennes, si timides en elles-mêmes, qu'elles
sont absorbées dans les couleurs plus tranchées des deux majorités. Il n'y a pas dans ces
trois députés une force assez grande pour
lutter au conseil contre la direction de leurs

cinq collègues; ils sont les auxiliaires, et non
point les maîtres de la politique. Je place
en tête M. Sauzet. Ce n'est point faire tort
à son esprit que de lui croire peu d'expérience
gouvernementale. Au milieu de toutes les
ruines qu'avait faites la Révolution de Juillet, M. Sauzet commença à se faire connaître
dans une triste circonstance, et son éloquence
brilla autant par l'aspect solennel des débats
que par sa propre valeur. Depuis, M. Sauzet a
plusieurs fois occupé la tribune; il a la parole évidemment facile, de l'élégance d'avocat;
mais il y a moins de fond à faire de tous
ces mouvemens oratoires quand il s'agit des
questions de cabinet. M. Sauzet est de rapports doux et aisés; ses antécédens luttent
avec ses convictions actuelles; il sent que dans
le gouvernement des affaires positives il faut
sortir de la déclamation; eh bien! il s'est
résigné avec bonne grâce, il s'est associé à
toutes les pensées de ses collègues; il n'a pas

fait encore une seule opposition à la majorité
dominante; il espère, plus tard sans doute,
lutter avec M. Thiers. Avant ce débat corps
à corps, il sent le besoin de se créer un appui;
il y marche.

M. Passy a plus d'aspérité que M. Sauzet; il
tient du tiers parti quelque chose de cette brus-
querie d'opinion qu'on prend trop souvent pour
de l'indépendance. C'est un ministre difficile à
vivre; on l'a bien senti, et voilà pourquoi on
cherche à l'entraîner de plus en plus. Quand
on l'aura bien enlacé, bien serré, alors il ne
sera plus à craindre. Que de sacrifices déjà en
économie politique, en finances, en théorie
de gouvernement! Ce qui est remarquable dans
M. Passy, c'est surtout l'impuissance de produire, l'absence de tout plan d'administration.
Il s'était montré rapporteur assidu du budget
avec un petit esprit d'innovation, mais travailleur, fouilleur de chiffres et de notes; on devait
le croire ministre actif, vigilant, créateur. J'es-

père qu'en touchant les affaires il a vu qu'il y avait bien du vide dans les trop faciles dissertations des économistes de journaux.

M. Pelet s'efface encore plus que tous ses collègues dans le conseil, car M. Pelet (de la Lozère) n'est et ne peut être dans le cabinet qu'un de ces ministres qui acceptent par convenance une position qu'ils n'ont point sollicitée. M. Pelet, administrateur tout de passage, fera tout ce qu'il pourra pour se faire remarquer à l'instruction publique. Plus il sent son infériorité en quelque sorte, plus il se soumettra au conseil royal, plus il se laissera dominer par les hommes influens qui l'entourent, même par MM. Cousin et Villemain. M. Pelet veut réaliser l'œuvre de M. Guizot sur l'instruction primaire; c'est une tâche difficile, mais il la tentera. Je ne sais si c'est prévention, mais on ne prend pas M. Pelet (de la Lozère) au sérieux dans le ministère de l'instruction publique; aucun des officiers de ce département

n'a oublié M. Guizot ; ils ne cessent de rendre
hommage à l'ancien grand-maître. On considère M. Pelet comme un caractère honorable
chargé de l'intérim pendant les vacances du
véritable ministre.

En résumé, tout ce personnel de cabinet est
d'une nature inoffensive, et par conséquent peu
capable de ces résistances vives et passionnées
qui amènent les brusques ruptures d'un système
politique ; or, c'est un résultat essentiel que
les forces actives du gouvernement ne soient
point en perpétuelles disputes. Il sortira de là
peut-être une unité de vues que n'avait pas
le ministère doctrinaire. MM. de Broglie et
Guizot savaient résister ; ils voulaient gouverner
réellement sous l'empire de leur propre responsabilité ; d'où se montraient des tiraillemens
et des luttes de toute espèce.

Aujourd'hui il y a donc une grande simplification dans la pensée même du pouvoir ; cette
simplification est-elle plus ou moins constitu-

tionnelle? C'est ici une question que je ne prétends pas décider; mais, en tous les cas, il y a
toujours force et vie lorsque le bras exécute la
volonté sans opposition; les embarras du nouveau ministère ne pourraient donc venir que
des causes extérieures, c'est-à-dire par l'opposition des deux Chambres, ou par un mobile
interne, les petites dissensions de personnes ou
d'amour-propre, causes si dissolvantes dans le
mouvement des affaires.

§ II.

Le nouveau Ministère devant les deux Chambres.

Sous le système représentatif, toute la force
d'un ministère est placée dans les deux
Chambres : du sein de la majorité naissent les
causes qui créent un cabinet ou préparent sa
ruine. Mais de tous les faits jusqu'ici exposés
résulte une vérité politique déjà sentie, c'est
qu'il y a eu grand affaiblissement dans l'action

des majorités, par la formation du ministère
de M. Thiers ; jamais peut-être en aucune
circonstance la majorité parlementaire ne fut
moins consultée ; on a agi presque sans elle ;
elle n'a point exercé directement l'influence ;
elle a marché comme auxiliaire et non point
comme pensée active.

La volonté des majorités sera-t-elle désormais moins influente dans les modifications
que pourra subir le cabinet ? celles-ci seront-
elles déshéritées de cette autorité puissante
qui, sous le système représentatif, fait et défait les ministres ? Est-ce là un bien ou un mal ?
Nous ne pouvons le dire ; il faut le constater,
pour en conclure que le ministère de M. Thiers
a moins à redouter l'action des deux Chambres,
puisqu'il n'en est qu'indirectement l'ouvrage, et
qu'elles ne sont entrées qu'en seconde ligne
dans ce travail. Puis, on voudrait vainement se
le dissimuler, le cabinet actuel ne se résignera
pas à subir avec autant de bonne volonté

que MM. de Broglie et Guizot les résultats
décisifs d'un vote parlementaire. Il y avait
dans ces deux ministres démissionnaires un
scrupuleux respect pour les formes du gouvernement représentatif; ils subissaient l'empire
de la majorité; ils reconnaissaient la force de
ses votes. Avec M. Thiers il n'en sera pas de
même; il éludera les questions et ne viendra
pas de front les aborder, et une fois même résolues, en subira-t-il toujours les conséquences? Nous croyons difficilement à une
démission volontaire de la part de M. Thiers;
pour lui, tout ici n'a été qu'un jeu; il ne prend
rien au sérieux que sa fortune politique; les
Chambres ne sont qu'un véritable échiquier
sur lequel il hasarde sa partie. Jamais il ne pro-
voquera ces résolutions qui font la force ou la
ruine d'un système; il aimera mieux être faible,
incertain, et toujours durer; il préférera une
majorité d'occasion, à une de ces épreuves dou-
teuses qui peuvent tourner contre un système.

En appliquant ces faits à la situation des
deux Chambres, on trouvera également dans
leur esprit actuel, des chances de durée pour le
cabinet de M. Thiers. La Chambre des Pairs a
de la condescendance pour le chef du ministère;
le parti politique qui domine sa majorité, le
prend comme un instrument destiné à accomplir ses affaires; il a donné tant de gages, il a
sacrifié si volontiers ses amis! il s'est jeté dans
un système de répression si franc, qu'il faut
bien que la Chambre des Pairs lui en sache
quelque gré! Le parti politique considère donc
M. Thiers comme son agent: c'est peut-être une
erreur; mais pourquoi la pairie repousserait-elle
une main qui va si bien à sa pensée, un jeune
esprit qui fait amende honorable de son passé!
Il y a de l'habileté à frapper la révolution par
le cœur qu'elle a si long-temps chauffé!

Quand on songe à tous les hommages que
M. Thiers a rendus aux principes gouverne-
mentaux depuis la révolution de 1830, on s'ex-

plique un peu comment la pairie politique le voit avec plaisir se déployer dans des mesures fortement répressives; on l'use pour accomplir un système qu'on n'aurait pas osé tenter soi-même. C'est triste d'en être réduit à une telle nécessité; néanmoins le résultat en est utile.

Il y a d'ailleurs dans la Chambre des Pairs un sentiment de mollesse et de fatigue qui aidera le *statu quo* actuel. On croit dans la pairie que c'est déjà beaucoup d'avoir obtenu l'ordre, le repos et la paix du pays, et qu'il ne faut pas le compromettre par des querelles intérieures et purement parlementaires. Les dernières oscillations pour former un cabinet ont fatigué bien des esprits; on adopte ce qui est, par cela seul que cela existe; on n'a ni le courage ni la volonté de le renverser, et c'est une grande force pour un système que cette inertie dans tout ce qui pourrait lui servir de contre-poids et d'opposition.

Ainsi donc, tant que M. Thiers restera im-

mobile, tant qu'il posera son système de telle
sorte qu'il ne marchera pas à gauche, il n'aura
rien à craindre de la pairie; celle-ci peut bien
faire une opposition rationnelle sur une mesure, mais elle ne sera jamais la cause active
d'un changement ministériel; l'action ne viendra pas de là.

Dans la Chambre des Députés, le danger
sera-t-il plus grand ? En vérité, la situation
dans laquelle cette Chambre s'est placée ne lui
permet que difficilement d'exercer la plus puissante de ses prérogatives, à savoir, le renversement d'un système et la substitution d'une
pensée nouvelle; on a M. Thiers et on le mé-
nagera quelque temps, parce qu'on est fatigué
de tous ces changemens, de toutes ces tentatives, et que la majorité si malheureusement organisée n'offre plus qu'un pêle-mêle sans opposition régulière, sans banc ministériel prononcé,
image du chaos le plus profond. Comment,
en cet état, songer à renverser un cabinet? On

peut chercher à l'entraîner à droite ou à gauche, à l'absorber, mais il n'y a pas, dans cette
confusion de nuances, les élémens propres à
constituer une administration politique avec
ses opinions et son chef.

Je ne dis pas qu'il ne puisse naître des embarras, que des difficultés sur des questions fondamentales ne soient la cause de quelque séparation d'opinions et de partis; mais ces débats n'entraîneront pas la chute du système
pendant la session présente. Il y a tant de
bonne volonté dans tous les côtés de la Chambre pour faire du ministérialisme; il faudra si
peu donner même pour satisfaire M. Odilon
Barrot ou pour caresser les centres de M. Guizot! On se contentera de petites victoires; aujourd'hui on obtiendra la majorité du candidat
dans les bureaux, demain dans les commis-
sions; on criera succès de part et d'autre,
mais de résultat, aucun encore; il n'y aurait
que quelques circonstances imprévues, quel-

que colère de majorité qui pourraient en finir,
et cela se voit rarement.

La vieille gauche est trop en dehors des affaires pour songer à une administration dans
sa couleur ; les légitimistes encore moins ;
M. Guizot s'épuise à se créer la chimère de l'ancienne majorité. Tout le monde a abdiqué ses
convictions du passé ; l'un a sacrifié l'amnistie, l'autre la conversion, le programme, le
compte rendu, la propagande ; et comment,
dans cette abdication de partis, pourrait-on encore avoir la force nécessaire pour renverser
un cabinet ?

Quand il n'y a plus ni majorité ni minorité
fixes, où trouver les moyens de constater si un
ministère a ou n'a pas l'assentiment du parlement ? Sans doute la majorité se perd ; ce sera
une triste histoire que la sienne, mais enfin ce
chaos de principes rend impossible une mesure
de force, un changement de système en oppo
sition avec M. Thiers ; et la Chambre en aurait-

elle la volonté, que cette impuissance de créer, qui tant de fois s'est fait sentir, viendrait encore exercer son influence et empêcher toute combinaison large et parlementaire. La ruine de M. Thiers ne peut venir que d'un coup violent et inattendu de majorité, et encore faudrait-il savoir s'il le subirait paisiblement, et s'il ne songerait pas à la dissolution, car M. Thiers est homme à jouer toutes ses cartes.

§ III.

Le nouveau Ministère devant la Presse.

L'attitude de la presse, dans cette circonstance décisive, ressemble beaucoup à la position de la Chambre des Députés; cela se conçoit : les différens partis cherchent des organes; les pouvoirs et l'opinion ont des rapports intimes; ils tendent mutuellement à s'expliquer, à se justifier. Ainsi on ne doit donc pas s'étonner de cette espèce de désordre qui se manifeste également dans les feuilles publiques, image de la confusion des partis.

On ne sait plus où l'on va; l'un demande la dissolution de la Chambre, l'autre veut que M. Thiers marche, l'autre encore cherche à le retenir; la vieille gauche murmure avec aigreur. La république rationnelle ne déguise pas sa joie, car elle se pose comme seule conséquente dans le chaos : journaux du tiers parti ou de M. Odilon Barrot, feuilles de M. Guizot ou de M. Duchâtel, tous ces organes se heurtent, s'entre-choquent, et tout cela sans but bien nettement déterminé.

Les hostilités contre M. Thiers ne sont point acérées; on le ménage de toutes parts; on ne le craint pas; il n'est un obstacle pour personne, et il n'y a de haine que contre ce qui fait peur. Les doctrinaires et M. Guizot sont sortis du ministère; eh bien! l'on dirait en quelque sorte qu'on oublie le ministère réel

pour engager la question sur l'ancien terrain;
la guerre se continue entre le tiers parti et
les doctrinaires; celle-ci est seule vivace, le
ministère semble placé sur une terre neutre;
on ne s'en occupe pas plus que s'il n'existait
que comme un accident ou un accessoire.

Il y a dans la presse comme dans la Chambre
un grand désir de ministérialisme; mais comme
on y a plus d'esprit, l'on sent la nécessité de
se rattacher à une idée fixe et de la défendre
avec persévérance, comme cela se fait toujours
sous le système représentatif. On demande
donc au ministère de se prononcer; on le
pousse, on l'aiguillonne; chacun s'écrie : « Il
est à nous; laissez-le marcher; tout est changé;
rien n'est changé. » C'est un chaos où il est
bien difficile de reconnaître et de saluer encore les vieilles opinions.

Ce pêle-mêle de la presse, cette situation com-
plexe pourront-ils long-temps se prolonger?
les journaux pourront-ils toujours également

ménager le système politique dont M. Thiers est l'expression?

Je pense, au contraire, que c'est de la presse que partira le mouvement qui de toute nécessité amènera la crise, et ce mouvement s'opérera avant qu'il n'éclate dans la Chambre des Députés. La presse, et l'expérience l'a prouvé, est très-avancée dans les idées politiques; comme elle est en contact avec l'opinion, elle en reçoit les impressions, elle les communique avec cette incroyable activité d'un programme de tous les jours.

Elle ne peut donc long-temps rester dans une situation mixte, il faut que d'ici à peu de temps la presse se prononce; il n'y a pas de tactique qui dans un journal puisse se prolonger deux mois; ces nuances qui s'expliquent très-bien parmi les membres d'un parlement habitué aux affaires, sont inintelligibles pour les masses d'opinion; il leur faut quelque chose de plus net et de plus précis.

Il est donc inévitable que la guerre commence; elle viendra d'abord de la presse dévouée à M. Barrot; celle-là s'est conservée austère, ferme dans ses conseils; elle sait que les doctrinaires sont ses ennemis, qu'il faut les détruire avant tout. Une fois cette œuvre accomplie, il n'y a qu'un léger passage pour arriver à l'hostilité contre le cabinet; si M. Thiers ne se prononce pas, la guerre éclatera vivace et sans ménagemens; les lices sont suspendues, mais une fois ouvertes, elles deviendront implacables.

Les feuilles du tiers parti mettront plus de temps à se dessiner, mais elles ne pourront pas rester plus que l'opposition Odilon Barrot dans un système mixte et d'incertitude; on cesserait de les comprendre, elles n'auraient plus aucune influence si, d'ici à quelques mois, il n'y avait pas des concessions faites, et ces concessions feront passer le ministère au tiers parti.

Une fois donc l'impulsion donnée par la

gauche modérée, le tiers parti serait forcé d'en suivre le mouvement, et c'est alors que les hostilités n'auront point de cesse, parce que le public ne comprend rien à demi et veut avant tout des positions nettes.

La presse doctrinaire doit elle-même prendre couleur; elle doit devenir un soutien loyal et franc de l'administration, ou passer à l'opposition la plus noble, la plus élevée, celle de l'esprit d'ordre contre la désorganisation entrée dans le ministère même. On ne comprendrait pas une polémique qui, se posant sur la pointe d'une aiguille, embarrasserait sans renverser. Il faut partir d'un fait constant, certain, et non point d'une chimère qu'on se crée; la vieille majorité a pu être un fait pendant quelque temps, mais en ce monde tout se modifie et se transforme; et comment, au milieu du morcellement des opinions et des partis dans la Chambre, serait-il possible de faire revivre une majorité qui n'est nulle part?

L'action de la presse prendra donc, d'ici à un temps très-prochain, une attitude forte et dessinée; je pense bien qu'on a maintenant renoncé à dire que l'action des journaux est impuissante; si elle a perdu quelque chose sur la société, elle garde son pouvoir, surtout à l'égard du ministère et des corps politiques. Cela va si loin, que si l'on voulait suivre avec un peu d'attention l'histoire des affaires publiques depuis quatre ans, on trouverait que tous les changemens ministériels, toutes les révolutions intimes du cabinet ont été préparées par le mouvement de la presse périodique; ce qu'elle avait prédit trois mois avant s'est réalisé dans toutes ses conséquences; est-ce instinct? est-ce pouvoir? il y a là, on peut le dire, une puissante et incontestable action. Cette action s'exercera sur le ministère de M. Thiers de plusieurs manières :

1° Ou elle poussera ce ministère à gauche;

2° Ou elle l'entraînera tout-à-fait dans le sens

de M. Guizot, et ramènera celui-ci à une parti-
cipation directe et dominatrice dans les affaires ;

3° Ou enfin elle divisera le ministère de telle
sorte que sa dissolution deviendra inévitable.

Sur le premier point, il est évident que le
ministérialisme des feuilles de la gauche modérée et du tiers parti n'est donné qu'à la
condition que M. Thiers marchera dans leur
sens. Il serait impossible que, sous le coup
des journaux de la vieille gauche, on pût rester
dans les voies actuelles sans se compromettre
en face de l'opinion publique. L'appui prêté
par les feuilles du tiers parti et de M. Odilon
Barrot sera donc toujours subordonné à la conduite du nouveau ministère, et il est à présu-
mer que celui-ci sera doucement entraîné vers
la gauche. Cette marche se fera malgré lui; il
ne verra pas le pas qu'il fait, mais il obéira:
l'action des journaux ne se sent pas d'abord,
puis elle vous entraîne irrésistiblement. Le ministère actuel, selon ses propensions et ses

idées, sera donc de toute nécessité entraîné par la double action du *Courrier Français* ou du *Journal des Débats*. Il deviendra tiers parti ou doctrinaire : cette alternative est inévitable.

Et ce qu'il y a le plus à redouter, ce sont les divisions toujours semées avec habileté, développées avec art par les feuilles publiques. Suivez la presse depuis quatre ans, elle a toujours procédé au moyen de ces dislocations; elle s'empare des faiblesses, des amours-propres; elle connaît mieux les situations que les ministres ne les connaissent eux-mêmes. La presse devine les instincts de chacun, elle les oppose les uns aux autres, elle sait que la lutte est inévitable entre M. Sauzet et M. Thiers, comme elle apprit, dans un autre temps, qu'elle existait entre M. Guizot et son collègue; elle sait qu'il y a combat entre d'anciennes idées et de nouvelles tendances; elle voudra se débarrasser du maréchal Maison, de M. Duperré, et puis encore de M. d'Argout. Pendant quel-

que temps on prêtera peu d'attention à cette
tactique, puis on s'y arrêtera, et dans six mois
cette dislocation sera tout aussi bien accomplie
que celle de M. Guizot et de M. Thiers. Et alors
les incrédules admettront au moins que la presse
est une grande force de destruction. Il faut
bien qu'on se le dise une fois pour toutes, c'est
par les journaux que le ministère de M. Thiers
sera conduit et dominé; il est à leur discrétion.

§ IV.

Le Ministère devant l'Opinion.

Je ne pense pas être injuste envers M. Thiers
en disant que son cabinet n'est point entouré
de cette puissante opinion publique qui soutient
et fortifie l'administration d'un pays; quelques
journaux tendent à lui prêter une popularité
de circonstance, on le soutient tant qu'on peut;
mais est-ce trop dire que d'établir qu'il y a au

fond de la nouvelle conception ministérielle une pensée de faiblesse, d'incohérence qui ne permet ni la durée ni la considération politique ?

C'est un fait à constater sans amertume comme sans aigreur, M. Thiers n'a pas toute l'estime politique : est-ce injustice ? est-ce calomnie ? je ne sais, mais c'est un sentiment si général qu'il faut le faire entrer en ligne de compte dans les embarras de sa situation.

Si l'on admet M. Thiers comme un homme d'esprit (et il y en a tant en France), on ne lui fait pas d'autres concessions sur l'ensemble de cette vie publique qu'il est si beau, si noble d'offrir à ses amis et à ses ennemis comme un gage d'honneur inaltérable ; on ne lui concède ni la prévoyance qui devine, ni la stabilité qui consolide ; il a des résolutions instantanées, des pensées incertaines et mobiles ; aucune persévérance de l'homme d'Etat. On le sait peu adonné au travail, décousu dans son existence d'homme d'affaires, se laissant aller à toutes les impressions; sans tenue, sans vérité, son passé n'élève pas sa considération; une sorte de fatalité s'attache à ses liaisons mêmes. Que de choses se disent, se murmurent, injustement sans doute! car en France notre malheureux caractère de jalousie contre tout ce qui s'élève rend la calomnie si facile! Mais tous ces bruits, je le demande, sont-ils capables de grandir la puissance d'opinion du cabinet qu'il préside?

Il en est de même des collègues de M. Thiers, des nouveaux surtout, que le tiers parti lui a associés; on ne les prend pas au sérieux, ils sont arrivés aux affaires par une abnégation complète de leurs opinions du passé; on n'a aucune foi à leurs pensées d'hommes d'Etat, à leurs croyances politiques. Je ne sais pourquoi, mais il y a des esprits assez mal inspirés pour nier encore comme ministres M. Passy et M. Pelet (de la Lozère). L'opinion publique n'est point faite à ces noms propres, à leurs actes, à leurs conceptions; il faut qu'elle les voie en costume, siégeant sur les bancs du ministère, pour les croire au pouvoir; elle aperçoit en eux encore ces caractères du tiers parti, ne voulant jamais rien avec tenue, avec force et avec persévérance.

Toutefois faut-il conclure de là que ce ministère est sans puissance devant l'opinion publique, et que, sans condition de vie, il tombera aussi rapidement que l'autre combinaison hasardée que le tiers parti conçut avec M. de Bassano? Peut-être se ferait-on illusion. Je crois d'abord qu'il y a dans le pays un besoin de stabilité, une sorte de dégoût de tous ces changemens ministériels. Cette fatigue des esprits donne de la force à toute combinaison par cela seul qu'elle existe; on est saturé de tous ces changemens successivement arrivés; on veut un point d'arrêt, quel qu'il soit. L'opinion éprouve une lassitude pour tout ce qui la dérange et suspend les affaires; on a eu tant de crises ministérielles qu'on ne veut pas se jeter dans de nouvelles épreuves ; quand on a vu descendre si bas pour créer ce qu'il y a de plus haut et de plus respectable, le ministère, eh bien, on s'est soumis à cela comme à tant d'autres humiliations qui viennent de temps à autre effrayer l'honneur du pays et sa noble susceptibilité. ·

D'ailleurs, à d'autres époques, on mettait quelque prix aux changemens de personnes dans la politique, parce que ces changemens signifiaient une modification d'idées, une mutation de système ; mais aujourd'hui que tant de mobilité s'infiltre dans la conscience humaine, que tant de conversions viennent s'afficher à la tribune, comment voulez-vous que le public s'inquiète beaucoup, se prenne de colère ou de tendresse pour M. Guizot ou pour M. Thiers ? il subit ce qu'on lui donne, il adopte ce qu'on lui impose. S'il prenait fantaisie de descendre encore, eh bien, on ne s'en fâcherait pas le moins du monde ; la tourmente révolutionnaire

a produit comme réaction, une tiédeur rési-
gnée qui craint avant tout le dérangement, et
une telle situation n'est pas favorable aux changemens. Il n'y aurait donc rien d'étonnant que
le ministère de M. Thiers eût quelque durée,
précisément par cette fatigue de toute modification incessamment renouvelée.

A tout prendre, il est peut-être indispensable
que nous subissions le ministère de M. Thiers
pendant une période de quelque durée; chaque
chose doit faire son temps; toute administration, quelle qu'elle soit, pour être complètement
usée, doit parcourir certaines phases qui la
mettent aux prises avec des difficultés de toute
espèce; il faut qu'elle reste en présence du public un assez long terme pour que ce public
puisse l'apprécier; si M. Thiers tombait trop
brusquement, il serait encore quelque chose,
un embarras dans les rouages du pouvoir;
après avoir été chef du ministère, il devien-
drait peut-être chef de l'opposition. Il ne faut

donc pas trop de hâte dans les affaires publiques ; M. Thiers ne doit pas tomber avec chances
de revenir , et pour cela faire, il faut laisser à sa
présidence du conseil le temps de se déployer
dans toutes ses conceptions. J'ai souhaité et
prédit l'avènement de M. Thiers comme un fait
essentiel de la politique conservatrice* ; je sou-
haite encore qu'il demeure au pouvoir, car
ceci est également nécessaire à l'avenir d'un
système fort et moral qui se formera sans lui
et contre lui.

L'opinion qui menace M. Thiers ne naîtra
pas dans la bourgeoisie indifférente ou dans
la rue qui est mise hors de cause, mais dans
ces salons politiques que M. le président du
conseil redoute si fortement. Il a trop compté
sur lui-même en se séparant de l'opinion doctrinaire ; cette opinion domine dans le haut
monde ; elle souffle de là un certain vent d'op-

* Le Gouvernement de Juillet, les Partis et les Hommes
politiques. — 1830-1835.

position bien autrement formidable que la
puissance caustique des réunions de M. Dupin
ou de M. Fulchiron. Il en résulte un doute sur
la durée du ministère; on attaque le décousu
de ses actes, l'absence de tout système, et la
chose n'est pas difficile. On y ménage encore
M. Thiers, mais pour le perdre; on emploie
tour à tour le persifflage, le raisonnement sérieux; et il y a là une supériorité de vues, une
intelligence du Gouvernement que les nouveaux amis de M. Thiers ne peuvent lui
donner.

M. le président du conseil n'ignore rien de
ce qui se passe dans ces salons; il en reçoit une
empreinte de tristesse, de découragement; il
est comme dépaysé, il est tout étonné d'être
loué par ceux qui le blâmaient naguère; il est
inquiet des attaques de ceux qui le soutenaient;
Pascal dirait qu'il a perdu la tramontane et
qu'il ne sait où il en est de son gouvernement.
M. Thiers ne retrouve même plus cette verve

de tribune qu'il avait autrefois; sa langue s'é-
paissit, ses mots s'usent; ses grandes phrases
sur la sagesse du Gouvernement n'ont plus
d'effet; on aperçoit même dans sa parole offi-
cielle un besoin d'imiter la gravité de M. Guizot:
Dieu, la Providence, ces grandes images que
son ancien collègue aimait tant à invoquer, sont
aujourd'hui devenues très-familières à M. Thiers;
et le dirai-je? autant le pâle et austère visage
de M. Guizot, sa vie puritaine, allaient bien avec
ces invocations solennelles, autant elles parais-
saient malheureusement inspirées à M. Thiers.
Sa parole, en se faisant grave, n'a plus aucune
des qualités qui lui étaient propres; cette légèreté
spirituelle, moqueuse, irritante qui poursui-
vait ses adversaires et provoquait les applau-
dissemens des centres. Le caractère religieux et
providentiel n'appartient pas au talent de
M. Thiers.

§ V.

Le Ministère vis-à-vis de lui-même.

La première force d'un ministère, c'est l'unité et la solidarité, et le ministère de M. Thiers a-t-il cette double condition? L'unité dans ce cabinet ressort plutôt du peu de valeur de chacun des membres individuellement, que de leur confiance mutuelle. La solidarité est moins réelle encore que l'unité ; comme il n'y a pas de pensée commune, rien d'étonnant qu'on se rejette de l'un à l'autre les fautes de chaque ministère, et qu'on dise à M. d'Argout, par exemple : « C'est vous seul qui êtes l'auteur du projet de loi sur les sucres; nous n'en portons pas la responsabilité. » Avec de telles conditions, un cabinet n'existe plus.

Il y a une méthode cependant employée par M. Thiers, c'est de faire croire à l'union la plus parfaite entre tous les membres qui composent chaque ministère. Entendez-le : il y a tout à la fois intelligence et sympathie, concert intime pour arriver à un but commun avec une semblable et ferme résolution ; et chose curieuse, depuis que ces manifestes officiels viennent périodiquement rassurer le pays, tous les trois mois il éclate un morcellement dans le conseil, un ou plusieurs ministres en sortent ; le cabinet est renversé, un autre s'élève, et toujours sans doute pour constater l'unanimité de vues et la constance d'opinions. Mon Dieu, il me souvient que lorsque j'osai écrire que M. Thiers et M. Guizot étaient séparés de principes, d'opinions, et que l'un d'entre eux formerait un cabinet sans l'autre, vite on lança un manifeste officiel pour protester de l'unanimité de vues et de la sympathie de ces deux ministres ; quelque temps après, le *Moniteur* annonçait la dissolution du cabinet et la présidence de M. Thiers.

Ce qu'on a fait alors, on le tente aujour-
d'hui ; avec son imperturbable résolution,
M. Thiers dit encore qu'on est uni invariablement dans un système identique, et que l'on
ne se séparera pas.

Touchons un peu la vérité des faits.

A l'aspect du ministère actuel, il est facile
de voir qu'il se compose de deux parties très-
distinctes, reproduisant l'image de deux idées,
de deux systèmes qui se partagent les pouvoirs.
Il y a là l'ancien et le nouveau cabinet liés
au sommet de l'édifice par l'équivoque et fragile présidence de M. Thiers. C'est un ministère
de coalition, non point comme on les entend
en Angleterre, ayant d'avance arrêté toutes
les questions principales, s'accordant sur des
opinions constantes ; mais une administration
formée comme au hasard, sous l'empire d'une
nécessité momentanée.

C'est pourquoi il y a dans ce ministère une
cause incessante de dissolution ; il faudra, de

toute nécessité, ou que les idées de l'ancienne administration triomphent avec ses hommes, ou que les nouveau-venus prennent quelque influence; l'importance politique doit appartenir à MM. Sauzet et Passy, ou aux anciens membres du conseil qui sont restés dans le cabinet, et tout cela d'ici à la session prochaine, sans qu'on puisse éviter la crise.

Je demande pardon à l'ombre de M. de Martignac de mettre en comparaison son époque et son caractère avec l'époque et les caractères actuels, mais il y a une grande similitude dans la position des deux cabinets; on avait laissé dans son sein deux ministres de l'administration de M. de Villèle : MM. de Chabrol et Frayssinous, comme un lien entre le passé et le présent. Dès les premiers pas de ce ministère, on fut obligé de les sacrifier; il était déjà tiraillé par les divers côtés de la Chambre; deux élémens s'y disputaient la victoire; il fallait donner gain de cause à l'un sur l'autre.

Aujourd'hui les choses marchent dans les mêmes proportions ; M. Thiers croit-il possible de conserver l'amiral Duperré ; le maréchal Maison, s'il se laisse entraîner vers des concessions inévitables à l'égard du tiers parti et de M. Odilon Barrot ? est-ce que M. Pelet et M. Passy, chefs de coteries dans la Chambre, n'ont pas des engagemens pris avec les opinions qui les soutiennent ? est-ce qu'il n'y aura pas nécessité de donner de nouveaux gages aux hommes qui appuient l'administration actuelle ? Et pour me servir d'une comparaison qui doit plaire aux classiques du tiers parti, le char de la révolution est entraîné par les uns, tandis qu'il est arrêté par les autres. Il y a dans le cabinet les rétrogrades et les progressifs ; comment s'entendront-ils ? la difficulté est là tout entière.

Ensuite il y a une autre cause de division qui tient à des importances personnelles ; la position de M. Sauzet grandit dans une cer-

taine portion de la Chambre; elle deviendra
peut-être une rivalité pour M. Thiers qui baisse
au contraire considérablement; sans exagération, on peut dire que la même rivalité qui
s'est établie entre M. Guizot et M. Thiers, s'éta-
blira entre M. Sauzet et M. le président du
conseil actuel; tous deux lutteront d'influence,
de crédit; M. Thiers comme un homme usé
déjà, M. Sauzet comme un ministre qui ne veut
point perdre son avenir, et qui trouvera son
appui naturel dans le tiers parti Dupin, de
concert avec MM. Passy et Pelet de la Lozère.

Puisqu'on a comparé M. Thiers à M. de
Villèle, il faudra lui rappeler qu'à côté s'éle-
vait alors aussi M. de Peyronnet, dont l'importance politique s'accroissait avec les gages
donnés au parti royaliste. M. Sauzet offrira
aussi des gages à son parti, soyez-en certain;
il y a trop d'intérêt. S'il subit la présidence
du conseil de M. Thiers, c'est qu'il sait bien
que dans toutes les affaires il faut commencer

par prendre pied. Ce n'est pas hors d'un cabinet qu'on le renverse; c'est un travail interne et mystérieux que l'opinion aide à l'extérieur, mais qui se fait par la rivalité des ambitions et la jalousie des positions politiques.

Ainsi donc, qu'on le remarque bien; comme
système, le cabinet de M. Thiers est divisé en
deux parties : l'ancien et le nouveau principe;
et en ce qui touche les personnes, en deux
symboles d'ambition personnelle: sa propre présidence du conseil et l'importance de M. Sauzet.
Celui-ci n'a aucune prédilection pour M. Thiers;
au besoin même il le renversera, parce que sa
conviction et ses habitudes politiques reposent
sur d'autres élémens.

En plaçant donc le cabinet de M. Thiers en
présence de lui-même, on peut croire qu'il
trouvera des difficultés, des embarras, des
causes profondes et rapides de dislocation.
Et ce qu'il faut constater, c'est que depuis
quelque temps les dangers d'un cabinet

naissent moins de causes extérieures que de divisions internes et menaçantes. Tous les ministères ont péri par des rivalités ambitieuses et des querelles de ménage; il est rare, quand il y a unité dans le conseil, que cette unité ne donne pas confiance et force. Si l'on suivait l'histoire du gouvernement représentatif, on verrait que la cause première de toutes les variations ministérielles se trouve dans les hommes politiques eux-mêmes plus encore que dans l'action des pouvoirs et les incidens d'administration.

§ VI.

Le cabinet en présence des affaires.

La chose dont on s'est le moins occupé dans les mouvemens politiques qui jusqu'à présent ont eu lieu, ce sont évidemment les affaires, c'est-à-dire la grande administration

de la société. Des intrigues se sont croisées de
toutes parts ; mais au milieu de tout cela, qui a
pensé à la France ? qui a songé à sa dignité extérieure, à sa force à l'intérieur ?

C'est une triste condition des opinions ou
des coteries, de croire qu'il n'y a rien en dehors
d'elles, et d'imprimer ainsi leur esprit à tout
ce qui les entoure. Je ne sache pas d'époque
où les corps politiques se soient moins occupés
du pays ; je demande ce qu'a fait la présente
législature comme lois générales ? Elle a voté
des crédits, fait et défait des ministères ; des
hommes politiques ont été placés au pouvoir
ou renversés ; mais rien n'a été accompli, ni
pour la propriété, ni pour le commerce, ni
pour l'industrie. On dirait que ce sont là choses
indifférentes à la France.

Comme toute administration arrivant au
pouvoir, il a fallu que M. Thiers formulât un
système ; la vérité est qu'on n'a trouvé à ce
ministère ni une idée, ni même une date ; car

j'aime à croire qu'on ne prend pas au sérieux
ce grand mot de reconciliation, vide de sens,
et que l'on invente, faute de mieux, à l'usage
de la presse ministérielle. Il ne s'agit pas, grand
Dieu! de gouverner sentimentalement la société, de faire des idylles et des bergeries politiques; le gouvernement des sociétés consiste
surtout à placer l'autorité dans une région
de force et de respect qui commande à tous
l'obéissance aux lois, et cette force ne s'ac-
quiert que par un système formulé et des idées
arrêtées.

  L'esprit public est en ce moment admirable;
il y a une sagesse dans toutes les âmes, un besoin de paix et de repos qui laisse peu à faire
aux gouvernans; on pourrait dire que le pays
ne demande qu'une seule chose : qu'on le laisse
tranquille, qu'on ne contrarie pas ses tendances, qu'on ne blesse pas ses convictions;
les intérêts sont à la paix, à l'ordre. L'instinct
de la population s'est fatigué de tout ce bruit

révolutionnaire qui se résume dans le désordre et dans l'émeute.

On est passé à un autre extrême ; la crainte de nouveaux changemens a fait prendre en méfiance la liberté elle-même. Tel est l'affaissement des esprits aujourd'hui, que le pouvoir ministériel peut beaucoup oser, et même tout oser sans trouver une grande résistance. On hésite à faire de l'opposition ; tout cri importune, on dirait que la société est comme un malade assoupi qui redoute l'éclat et le bruit ; elle a si peur d'être réveillée encore par le désordre, qu'elle laisse l'autorité maîtresse de le réprimer, serait-ce arbitrairement. Les partis ont tellement abusé de leur position, qu'on soutient toutes les mesures du pouvoir contre eux. L'émeute a usé la liberté, les garanties individuelles ; on va aux élections sans zèle ; les listes ne sont pas complètes, et encore les scrutins offrent à peine, terme moyen, la moitié des votans. Les élections municipales, le jury sont pris dans beaucoup de localités comme des charges onéreuses, comme une peine à subir, comme un devoir pénible; et la garde nationale n'est-elle pas considérée comme un impôt utile, mais pesant, à ajouter à tous les impôts? Le pays semble dire : Ce n'est pas pour rien que nous payons des fonctionnaires; il est fatigant encore d'avoir à se gouverner soi-même. ·

Cette atonie des esprits rend toute administration facile, elle explique l'ordre parfait qui règne dans les départemens, le peu de résistance qu'y trouve le personnel des préfectures, quelque médiocre qu'il puisse être; cette administration, sans être estimée, est obéie. En beaucoup de localités, le pays fort, le pays sol s'est retiré des affaires actives; la masse des propriétaires laisse aux notaires, aux gens de loi, aux médecins, aux fermiers la direction locale, la gestion des arrondissemens. Les grands possesseurs en sont à ce point de retraite où ils se trouvaient antérieurement au Consulat, avant cette grande époque où Bonaparte établit la hiérarchie des rangs par la formation des listes de notables. M. le ministre de l'intérieur sait mieux que personne de quels élémens se composent les conseils municipaux.

Cette situation peut plaire aux esprits haineux, ennemis de la grande propriété; je crois même que le personnel des préfets est constitué de telle sorte qu'il voit avec plaisir l'égalité de toutes les classes. L'avènement de M. Thiers est favorable au maintien de ces fonctionnaires publics qui doivent leur fortune au Programme de Juillet; ils n'aiment pas M. Guizot, et la nouvelle présidence du conseil explique et consolide leur position. Quand M. Thiers est si haut, il n'y a plus à s'enquérir sur la vie et les antécédens de tel préfet de département; c'est un avantage.

Toutefois l'inconvénient est à côté: le pouvoir perd de sa considération et de sa force;

il n'y a plus d'administration à proprement
parler : le pays va tout seul. Un préfet qui
peut à peine aller de pair avec un propriétaire de troisième ordre de son département,
ne voit pas grandir son influence depuis que le
gouvernement responsable a pour chef su-
prême M. Thiers ; on obéit partout, mais on ne
fait qu'obéir, et ce n'est pas suffisant dans la
vie des Etats.

L'administration est très-facile, je le répète ;
mais cette indifférence, cette atonie qui en permet l'action incontestée, a de graves dangers.
Je ne parle pas seulement du réveil qui est
toujours désordonné en France ; nous marchons
par saccade ; souvent chez nous, de l'indifférence à la passion il n'y a qu'un pas. Il semble
qu'il n'y a que la liberté calme que nous ne
comprenions pas. Eh bien ! cette torpeur des
esprits peut favoriser les menées secrètes des
ennemis de l'ordre ; dans la grande indifférence des esprits, les brouillons sont bien puis-

20

sans; quand une administration n'est ni ai-
mée ni estimée, un petit nombre d'ennemis
suffit souvent pour oser l'attaque. La révolution n'est point morte, elle a encore ses sociétés secrètes, ses ramifications qui s'étendent
comme un réseau sur toute la France. Plus
donc l'administration publique est faible d'opinion, plus les factions trouvent facilité et espérance dans leurs desseins.

Sous ce rapport l'avènement de M. Thiers
est peut-être un malheur; il rend l'administration incertaine, il en détend tous les ressorts. Ce n'est point dire que M. Thiers manque d'énergie et de résolution, même contre
ses anciens amis; il est comme tous ceux qui
veulent faire oublier les opinions de leur vie
primitive, il va droit et fort à la répression;
mais cette force est neutralisée par l'absence
de tout principe moral dans le pouvoir. La révolution qui veut réprimer la révolution est un
contre-sens; l'homéopathie politique serait folie.

M. Thiers a beau frapper les révolutionnaires, son avènement au pouvoir est pour eux un encouragement. Les fausses idées et les mauvais systèmes font souvent plus de mal que la révolte matérielle : on ne peut jamais se tromper sur le résultat d'un mouvement ministériel quand on voit la joie des uns et les alarmes des autres; or le parti du mouvement juge bien ce qu'il fait quand il salue M. Thiers; la Révolution sait qu'il ne peut lui échapper. L'administration qu'il préside est opposée à cette reconstruction sociale qui est un des premiers besoins de la France : religion, aristocratie, tout cela est étranger à l'école administrative de M. Thiers; ses préfets sont de la vieille philosophie du dix-huitième siècle; leurs habitudes sont nourries des éditions de Touquet et de la politique de l'opposition. M. Thiers, chef de l'administration du royaume, est la création la plus hostile à la rénovation religieuse et monarchique : il en affaiblit les ressorts, il en tue les élémens les plus essentiels. C'est l'avènement au pouvoir de l'école libérale de la Restauration, et cette école est au moins de vingt ans vieillie de science, d'administration, de politique et d'économie sociale. La génération actuelle est forte, studieuse, grave; elle a dépassé tous ces enseignemens déclamatoires des vieux partis. Elle lit, elle s'instruit, elle apprécie avec une impartialité qui n'accepte ni jugement fait ni doctrines arrêtées d'avance, et c'est un immense progrès.

Sous le point de vue des affaires étrangères, l'avènement du nouveau président du conseil n'est qu'un accessoire, et c'est le seul motif qui sans doute ait fait attacher si peu d'importance à cet événement dans le corps diplomatique. S'il en était autrement, cette présidence serait plus grave, car les soucis de l'Europe depuis cinq ans, pour éviter les progrès de l'esprit révolutionnaire, n'auraient eu que des résultats incertains. M. Thiers a donné des gages aux grandes transactions; je le crois très-disposé à seconder l'Europe dans toutes ses mesures d'ordre. Il fera même plus que M. de Broglie; il a moins que lui ces scrupules d'école, d'habitudes et de convictions; le ministre des affaires étrangères ne s'arrêtera ni devant le droit, ni devant l'hospitalité, ni devant les souvenirs.

Mais M. Thiers est un esprit sur lequel on ne peut pas compter; aujourd'hui il marchera dans les prévoyantes voies des hommes d'Etat enropéens; demain une exigence d'amis ou la majorité de la Chambre l'entraînera dans des velléités de propagande et de révolution. Il n'y a pas à s'y fier; il peut lui prendre de la mauvaise humeur contre l'Europe conservatrice, tristes souvenirs d'une mauvaise éducation. La seule garantie que les cabinets puissent avoir dans cette situation, c'est que M. Thiers ne sera jamais livré à lui-même. La mobilité de son caractère ne se rattache qu'aux intérêts et aux succès, et cette morale ne fut jamais une grande garantie des conventions.

Tous les cabinets ont peur de la guerre; ils ne veulent même pas être soupçonnés de précautions militaires et d'armemens; la sourde rivalité de la Russie et de l'Angleterre n'ose même s'essayer dans des hostilités avouées; on hésite devant une démonstration, car elle troublerait le pacifique état des couronnes, grand œuvre de patience et d'habileté. Tous les hommes d'État de l'Europe ont vieilli; chaque grande puissance a ses plaies : l'Angleterre a l'Irlande et O'Connell; la Russie de vastes provinces qu'elle vient de réunir à peine; l'Autriche a l'Italie, et toutes les puissances ont faute d'argent. On veut garder ce qu'on a, mais on ne désire pas s'agrandir; les jours de conquête sont passés; les temps de conservation ont succédé; car tous les intérêts sont à la paix.

La France a trois partis à prendre : l'alliance

avec la Russie, ce qui fut la politique de MM. de Mortemart et de La Ferronays en 1828, sauf des indemnités stipulées; l'alliance anglaise, ce qui était la pensée de M. de Broglie, ou enfin il faut suivre la tierce opinion, qui est celle d'une pensée reflétée par M. de Talleyrand; cette politique consisterait à se tenir dans la même position que l'Autriche, c'est-à-dire éviter tout conflit par l'aspect d'une grande neutralité, dont la France et l'Autriche seraient la tête. C'est sous ce rapport que la réunion d'un congrès à Vienne est si caressée par M. de Talleyrand; M. de Metternich a toujours aimé ces négociations amiables qui agrandissent l'influence de son cabinet depuis le congrès de Prague en 1813. Nous demandons pardon à M. Thiers de ne pas dire un mot de lui dans toutes ces affaires; elles s'accomplissent dans une région au-dessus de sa tête.

Il y a une autre question non moins grave, celle de l'Espagne; celle-là n'est pas considérée

comme assez importante encore pour sortir
tout-à-fait des attributions de M. Thiers; on
lui en laisse les détails, les petits pourparlers
avec l'ambassade anglaise, cet échange de notes
insignifiantes, tous ces faits particuliers qui
sortent de la pensée fondamentale des négociations. Quant à l'intervention, qui est le point
capital, on peut défier M. Thiers de la résoudre d'après lui-même; il est heureusement
enlacé par des prévoyances bien plus réfléchies
que la sienne; il ne peut agir en dehors du cercle qui lui est tracé. C'est aussi par cette sagesse qu'est interprétée l'alliance anglaise; on
ne veut la laisser ni absolue ni exclusive : on
sait que là des intérêts trop égoïstes nous en-
traîneraient à des sacrifices sans utilité.

Ce que je crains surtout pour le repos de
l'Europe, c'est l'action des idées de la gauche,
entraînant peut-être le ministère de M. Thiers;
de là résulterait un grand mal. Ainsi, par exemple, l'appui prêté à la propagande, les secours

offerts aux réfugiés, la circulation des idées désorganisatrices, amenées par l'inévitable alliance avec le tiers parti et la gauche, surgissant avec leur doctrine d'indépendance universelle et d'affaiblissement des royautés; tout cela, disons-le, n'est pas favorable au maintien des formes et de la sécurité actuelle des gouvernemens. M. Thiers ne s'appartiendra pas toujours; sa position le forçant de faire des concessions à la gauche, le département des affaires étrangères, en ce qui touche les détails, sera en quelque sorte à la merci des idées de cette fraction, d'où peuvent naître, dans le choix des agens secrets et des moyens employés, mille causes de perturbation. Tous ceux qui ont l'habitude des affaires étrangères peuvent et doivent me comprendre. Ainsi donc nullité dans les grandes affaires de son département, mais esprit actif et remuant dans les petites, voilà la position de M. Thiers résumée.

Et si maintenant nous réunissons dans ce résumé toutes les chances de chute et de durée du nouveau cabinet, nous pouvons les réduire aux résultats suivans : le pays a subi sans émotion la présidence de M. Thiers; c'était un événement prévu, et il n'a étonné personne. Il fallait que tôt ou tard l'esprit de la Révolution tentât de se constituer pouvoir; c'était une nécessité de position. Ce ministère doit durer assez de temps pour qu'il puisse être complètement apprécié comme système, et les chances de sa durée résultent, 1° de ce que M. Thiers n'a ni la volonté ni la conscience d'une démission; 2° de ce que la Chambre des Pairs ne veut point embarrasser le gouvernement par de nouvelles crises; 3° de ce que la Chambre des Députés, à la fin de son mandat législatif, a vu déjà trop de ruines ministérielles pour en provoquer de nouvelles; 4° de ce que le pays, fatigué de changemens, est devenu tellement indifférent à cette rotation ministérielle, qu'on pourrait jeter sous l'habit de ministre je ne sais quel nom propre pris où on ne les choisit pas, et le pays n'en serait pas étonné; 5° enfin, parce qu'il y a un instinct qui fait dire à tous qu'il existe une providence politique plus haute qui se sert de tous ces instrumens, afin de gouverner dans une noble et puissante persévérance vers la paix, l'ordre et la tranquillité européenne.

Contre toutes ces chances pour la durée du pouvoir de M. Thiers, il existe ce sentiment profond d'orgueil national blessé au cœur : il y a mille chances diverses dans le jeu des institutions; la Chambre peut se réveiller le rouge au front, et renverser le ministère. Quand on n'est qu'instrument, on peut être facilement brisé ; quand les temps sont venus, les destinées s'accomplissent. Il y a ensuite les querelles intestines, la séparation des vieux hommes du ministère et des nouveaux, les rivalités entre M. Sauzet et M. Thiers, les habitudes

un peu inquiètes et maussades de M. Passy.
Toutes ces causes de dissolution sont actives,
sans compter les accidens de la politique, qui
sont quelquefois des coups de providence pour
en finir avec un système!

Situation politique de M. Guizot.

―――

Je prends M. Guizot moins comme personne privée que comme l'expression d'un système; c'est un hommage. Au milieu de l'étrange morcellement des opinions et des partis, triste spectacle de la société actuelle, un caractère qui se pose avec des doctrines fixes, invariables, immobiles est une puissance intellectuelle et morale.

Il faut rendre justice à l'école doctrinaire: partant d'une théorie politique, contestable peut-être, cette école a au moins le mérite d'être persévérante; tous ses membres sont intimement unis; de telle sorte qu'avec elle on est sûr de trouver un principe de gouvernement, une force protectrice dans la société. Au pouvoir comme au dehors, l'école doctrinaire reste dans ses principes absolus; elle n'abdique pas ses convictions, et c'est ce qui fait sa force, ce qui la fait passer à travers les événemens, en se plaçant en quelque sorte au-dessus d'eux.

M. Guizot joint à cette fermeté de principes une activité chaleureuse pour ses amis parlementaires; il y a là véritable association; on ne s'abandonne point même dans les situations difficiles. On se soutient à la tribune, on vote communément, et c'est une force dans ce triste spectacle de tant d'abandons, de tant d'infidélités politiques!

Prenez une à une toutes les opinions qui se montrent, soit dans les pouvoirs de la société, soit au dehors, qu'y trouvez-vous? de petites jalousies, des morcellemens infinis, des divisions sans terme. Il y a de la camaraderie parmi les amis de M. Thiers; il existe du décousu, du laisser-aller dans l'union des hommes du tiers parti; on se prend, on se quitte, on abandonne aujourd'hui le terrain qu'on avait occupé la veille. Trouve-t-on plus de constance et plus de fermeté dans les amis de M. Barrot? Il n'y a là aucune fusion de principes, aucune fermeté d'opinion; pourraient-ils formuler leur programme, préciser leur passé, leur présent et leur avenir?

Il n'en est pas de même de l'école doctrinaire, elle sait d'où elle vient, où elle va; son but est ferme, tout converge vers un même résultat : « Trois hommes qui se tiennent, a dit Pascal, sont plus forts que les multitudes »; et il a raison; les partis sont si morcelés, les opinions si décousues, qu'en vérité une secte aussi unie que les doctrinaires doit trouver sa place puissante dans les pouvoirs de la société.

Je prends donc M. Guizot comme le symbole de cette école, comme l'expression la plus élevée de ce parti parlementaire qui se produit dans la Chambre et au dehors : je vais le placer en face de la majorité, du pays et de lui-même. Enfin j'examinerai la question plus importante encore, à savoir, si le parti doctrinaire a des chances pour diriger les fractions diverses d'opinions nées en Juillet; si enfin son avenir parlementaire, son principe gouvernemental n'est pas tout entier dans l'union franche et sincère avec la haute propriété, ce centre droit du pays, que M. Guizot a la mauvaise habitude de dénoncer sous le nom de parti carliste, presque comme une conjuration ; car veut-il savoir, M. Guizot, quelle est sa destinée, sa seule ressource après le parlement actuel? c'est précisément sa réunion avec ce parti de propriété, avec ce torysme où se perpétuent les grandes traditions du pouvoir, les principes conservateurs de toute monarchie. Quand Dieu aura imposé le repentir à toutes les fractions diverses du parti révolutionnaire, quand il aura donné une leçon en les abaissant, il faudra bien qu'on arrive aux hommes, puisqu'on aura adopté les choses. Après avoir usé une à une les maximes désordonnées de l'opposition, il faudra bien s'appuyer sur un point solide pour marcher ferme dans les véritables principes du Gouvernement; c'est alors que renaîtra la puissance des esprits d'ordre et de système!

§. Ier.

M. Guizot en présence de la majorité.

Il y a dans les hommes éminens certaines préoccupations qui les entraînent et les trompent. Le plus difficile écueil des esprits même très-élevés, c'est de ne pas s'apercevoir que les choses changent dans une situation nouvelle; ils confondent ainsi le présent et le passé; ils raisonnent pour une vie jeune, d'après les mêmes élémens que pour une position vieillie ; ils croient enfin que ce qu'on a été on l'est toujours, sans voir que de grands événemens ont soufflé, et que ce qui était brillant et fort sous un régime, menace ruine sous un autre.

Ainsi M. Guizot a l'habitude de parler de sa majorité, de l'ancienne majorité, comme si ce qui n'est plus que de l'histoire, pouvait être considéré comme un fait actuel dominant l'avenir! comme si les circonstances qui ont groupé cette majorité pêle-mêle existaient encore! comme si ce qui s'est réuni pour des temps d'agitation et d'émeutes pouvait rester intime aux époques de paix et de repos, quand il ne s'agit plus que de discuter les principes d'organisation politique des sociétés.

En analysant les élémens de l'ancienne majorité, on retrouvait dans ce travail de décomposition plusieurs nuances tout-à-fait disparates ; on y voyait plusieurs opinions hostiles, accidentellement groupées, lesquelles devaient se dissoudre au premier choc. De ce qu'on votait

de concert contre l'émeute pour la répression
matérielle des troubles, de ce qu'on prêtait
force et appui au pouvoir menacé, était-ce à
dire qu'on avait les mêmes convictions, qu'on
formait une majorité compacte, invariable,
ainsi que cela s'entend au parlement d'Angleterre, ainsi que cela s'est vu en France sous
l'empire de la septennalité?

Ce groupe d'opinions qui votait avec M. Thiers
et M. Guizot était une majorité d'occasion,
et non pas d'unité. Je l'ai dit déjà, elle n'a-
vait pas le même point de départ; M. Thiers,
en formant le ministère, en a emporté avec
lui-même une grande fraction. La séparation
des centres est devenue plus profonde, plus
irréparable; vouloir les rattacher, c'est peine
inutile. Que M. Guizot cherche à grandir les
amis politiques qui votent avec lui, à fortifier
son centre dévoué par de nouvelles conquêtes,
c'est le rôle qui appartient à tout chef de minorité; mais il n'est que cela jusqu'à présent. Il faut

qu'il sue, qu'il travaille laborieusement pour conquérir une importance toujours nouvelle. Il ne s'agit pas de faire de l'histoire, mais de l'avenir; il ne s'agit pas de dénombrer ses forces du passé, mais de les grossir en réalité.

Il y a telle fraction de l'ancienne majorité à laquelle M. Guizot est plus antipathique qu'il ne peut l'être à la gauche; il y a là haine contre sa personne, contre ses principes, ses souvenirs d'histoires, ses services sous la Restauration. On ne peut lui pardonner sa vie passée; il est enfin le bouc émissaire sur lequel on rejette toute l'histoire des mécomptes de la Révolution de Juillet.

Au contraire, dans cette fraction de la majorité qui déteste M. Guizot, il y a vive et profonde sympathie pour le tiers parti; ils sont nés d'une vie commune, le même berceau de la révolution les a mollement nourris dans la vieille école philosophique du dix-huitième siècle et dans les antipathies contre la Restaution ; ces députés ont répugnance pour la science élevée de M. Guizot, pour ce caractère puritain et gouvernemental ; tous appartiennent aux opinions déclamatoires et superficielles de la vieille école libérale ; ils ont voté avec la majorité les lois répressives, par peur plutôt que par conviction intime. Le jour où l'émeute cessait, cette fraction devait quitter M. Guizot pour se rapprocher du tiers parti ; dès qu'il s'agissait de reconstruire moralement la société, on devait se séparer. On ne s'entendait ni sur l'hérédité de la pairie, ni sur les principes religieux, ni sur la forme du Gouvernement, ni sur l'esprit de ses lois.

Si M. Guizot employait toutes ses sueurs, toutes ses méditations, non point à suivre la reconstruction chimérique d'une majorité qui n'existe plus, mais à s'en former une à lui, à y joindre tous les élémens d'un grand ordre politique et d'un principe social assez large pour y admettre les opinions diverses du parti con-

servateur et de la propriété ; c'est alors seulement
que M. Guizot acquerrait dans une position
nette l'influence d'un talent incontestable et
d'un caractère véritablement élevé.

Si au contraire il persiste dans les voies qu'il
a prises, que se passera-t-il autour de lui ? En
cherchant une majorité qu'il n'a pas, ou une
force qu'il ne peut obtenir, il perdra tout ce
qu'il y a de réel dans sa situation politique. Il
faut fermer les yeux pour ne point voir qu'une
nouvelle majorité se forme d'une fraction de
l'ancien centre Fulchiron, des amis de M. Dupin
et de M. Barrot ; quand cette fusion sera accomplie, que deviendra, je le demande, l'importance de M. Guizot ? on n'aura plus besoin de
lui ; sa chimère de la vieille majorité sera
absolument perdue, il la poursuivra en vain ;
ce sera une ombre fugitive s'évanouissant sous
l'empire des réalités. Les doctrinaires seront
encore une force de cohésion, un petit centre
d'unités, mais ils ne seront plus que de l'histoire

comme majorité. Alors, rejetés de l'opinion de
Juillet, ne seront-ils pas forcés de s'unir avec
ce que la droite a de modéré et de sage, pour
combattre dans une commune croisade les
doctrines décousues de la majorité Fulchiron,
Dupin et Odilon Barrot, réunies autour de
M. Thiers?

§ II.

M. Guizot vis-à-vis de l'ancien ministère.

J'aime la franchise de langage dans les hommes qui sont assez hauts, assez forts par eux-
mêmes, pour n'avoir pas besoin de dissimuler.
Je voudrais laisser les petites trahisons aux
politiques de second ordre. Eh bien, je dis à
M. Guizot qu'il n'est pas sincère dans ses paroles, lorsqu'il avance : «qu'il est là sur son
banc pour soutenir le nouveau ministère sans
arrière-pensée», comme il a soutenu M. Casimir

Périer, sans avoir l'ambition et le souci de le remplacer. M. Guizot est un homme politique ; le but de ses efforts légitimes doit être le pouvoir ; sa mission est de renverser l'administration qui s'est formée sans lui, et j'oserai dire contre lui. M. Guizot travaille sourdement et activement à obtenir ce résultat, et il fait bien ; il est dans son droit. Plus tard la force des choses l'entraînera à la combattre à la tribune, et il fera bien encore, mais il n'est pas loyal de dire qu'il est pour ce ministère un appui. Ce serait un mensonge politique, et il ne faut point en commettre quand on a le front haut et le cœur noble.

Singulière position que celle qui se résumerait en une intrigue ; votre appui, le nouveau ministère n'en a que faire ; vous lui pesez comme il vous pèse ; chaque jour il vous enlève quelques uns de vos adeptes, comme vous cherchez à lui conquérir quelques uns de ses soutiens ; c'est sa tactique, et vous la vôtre ; et vous appe-

lez cela une alliance, un loyal et fraternel
appui ? Non, l'inimitié est profonde, seulement
vous ne la dites pas. La position de M. Guizot
serait trop naïve si elle était sincère ; se mettre
à la queue de M. Thiers, applaudir avec joie à
ses triomphes, voter toutes ses lois, compromettre sa popularité sans être pouvoir ; en un
mot, n'avoir ni les avantages de l'opposition
ni les chances du ministère ; être entre deux
situations et n'en prendre aucune, ce serait
une étrange alternative pour des hommes de
capacité et d'avenir. Il y a quelque chose de
plus singulier encore ; on vient vous dire : le
système n'est pas changé, pourquoi change-
rions - nous ? Oui, si l'on veut se contenter
des mots, s'il faut croire à des mensonges ;
mais voyez, autour de vous, les actes, les
principes de ce Gouvernement, suivez-en une
à une les phases diverses, entendez les paroles de M. de Montalivet à la tribune, les
aveux des journaux, la volte-face qui se fait

partout, et puis dites encore si rien n'est
changé, si le vent qui souffle est le même que
celui qui à d'autres époques soutenait l'école
doctrinaire au pouvoir. Les ennemis les plus
acharnés de cette école entraînent et dominent
le ministère ; s'ils lui accordent confiance, c'est
une preuve que ce ministère ne l'accorde plus
à M. Guizot ; s'ils le servent, c'est pour perdre
les doctrinaires à tout jamais ; vous êtes dans
l'alternative ou d'être dupe, ou d'user vous-
même de mauvaise foi ; il ne le faut pas !

Dans cette situation, il serait impossible de
concevoir la place que s'obstinerait à prendre
M. Guizot. Il faut avoir le courage de l'opposition après avoir eu celui du Gouvernement ;
on ne peut faire reposer sa consistance politique sur des subtilités. Il n'y a pas deux manières
de voir les questions du pouvoir ; on perd sa
force lorsqu'on s'appuie sur la pointe d'une
aiguille. M. Guizot ne peut plus être ministériel si M. Barrot le devient. Ce serait une anar-

chie parlementaire bien autrement redoutable que celle dont la rupture du ministère nous a heureusement délivrés. Il y avait toute nécessité que M. Thiers et M. Guizot se séparassent comme ministres ; ils doivent se diviser encore comme système et comme opinion de Chambre. Soyez tranquille, la nécessité l'y entraîne, et ses jugemens sont inflexibles. Il y a des positions qui ne peuvent durer.

§ III.

Situation du parti doctrinaire vis-à-vis de la Société.

Dans toute conduite politique il y a toujours un motif ; on ne peut pas croire qu'un homme de quelque prudence et de quelque force laisse au hasard le soin de ses propres affaires. Si donc l'école doctrinaire cherche à se fondre dans les faits de Juillet, c'est que sans doute elle a le sentiment que seule, isolée au milieu de la société, elle n'est pas en elle-même suffisamment forte pour agir, soit sur l'opinion parlementaire, soit sur le mouvement électoral qui en est la forme et l'expression positive.

Et sous ce rapport elle a quelque raison. M. Guizot ne doit point se le dissimuler; ni ses opinions, ni sa personne ne sont populaires; il y a même dans la supériorité absolue de son esprit quelque chose de blessant qui provoque des répugnances et d'invincibles répulsions. L'école elle-même qu'il dirige est trop absolue, trop abstraite pour qu'elle puisse être bien comprise et facilement adoptée par la petite bourgeoisie; d'où il résulte invariablement que les amis de M. Guizot ne peuvent pas s'assurer un grand crédit dans la société. Les doctrinaires n'auront majorité aux élections qu'en s'appuyant sur une des deux fractions qui divisent le pays; à savoir : les conservateurs ou les hommes de Juillet. Et quand je me sers de ces expressions, je les prends dans la signification que déjà je leur ai donnée, sans les mêler aux petites idées de carlisme obstiné et de républicanisme, car aujourd'hui ce sont là des partis hors des affaires, et je ne m'occupe que de ce qui a vie dans le gouvernement représentatif.

Je mets en fait qn'il n'y a pas dix des adeptes de M. Guizot qui puissent répondre de leur élection, sans décidément s'appuyer sur le principe conservateur ou sur le principe de Juillet. L'école doctrinaire est trop philosophique, d'une éducation trop avancée pour qu'il y ait entre cette école et le corps électoral, bourgeois et petite propriété, de véritables sympathies dans les colléges.

Il y a impossibilité pour elle de rester neutre dans cette puissante lutte entre ce qui veut conserver et ce qui veut agiter, entre le sol puissant et fort et ce qui tend à amoindrir l'influence, entre l'aristocratie et la dé-

mocratie, entre l'ordre moral et l'ordre matériel, la hiérarchie et l'égalité; je crois que
cette position serait aussi impossible que celle
qu'a voulu se créer M. Guizot dans la Chambre. L'école doctrinaire ne serait plus qu'une
abstraction dans une société où les opinions
nettes sont seules saisissables, où les nuances
disparaissent au jour des élections.

Il est donc inévitable que l'école doctrinaire
se décide, et qu'elle se retourne vers celle des
deux grandes opinions qui est mieux en harmonie avec elle, mieux en rapport de principes et de maximes sociales. Ici la question
se subdivise; aux élections, les doctrinaires
seront en face du parti de Juillet et du parti
de l'ancienne Restauration centre droit.

J'établis que la lutte d'opinions comme la
lutte électorale va s'ouvrir à la prochaine dissolution entre le tiers parti et les doctrinaires;
cela est aussi constant que nous sommes là en
face du soleil.

Il ne s'agit pas seulement du combat naturel entre l'extrême gauche et la doctrine; celui-là est inhérent à toute lutte vivement engagée entre ceux qui veulent un gouvernement et ceux qui ne peuvent le subir. Je ne parle pas davantage du parti Odilon Barrot; celui-là également a des haines invétérées, des griefs qui se rattachent à l'émeute, aux rigueurs du Gouvernement, aux lois répressives. J'entends surtout le tiers parti et la nuance de l'ancienne majorité qui se compose plus spécialement des hommes modérés du Gouvernement de Juillet; ceux-là voteront aussi contre le parti doctrinaire, et il n'y aura pas d'accommodement possible entre eux.

Or ce serait mal connaître les listes électorales actuelles que de ne pas admettre que le tiers parti possède partout une grande force; il deviendra le plus implacable adversaire de l'école doctrinaire. C'est ici la faute de la loi électorale, et M. Guizot en est bien coupable; cette loi n'est ni intelligente ni populaire; elle jette par son cens inflexible et mitoyen, toute la force électorale aux mains de la petite bourgeoisie, des petits marchands, des classes au-dessous de la moyenne, et celles-là sont presque entièrement dévouées au tiers parti; elles se laissent séduire par les mots, par les déclamations, elles restent sous l'influence de la presse.

De sorte que les doctrinaires dans les prochaines élections, seront plus spécialement exclus par toutes les nuances qui composent les idées de Juillet; il n'y a pas là-dessus à se faire la moindre illusion.

Vainement M. Guizot cherche-t-il dans une langue qui ne lui va pas, à se présenter comme l'homme de la Révolution, comme l'expression de son principe et de ses actes; on ne le croit pas. La gauche et le tiers parti ont jeté les doctrinaires en proie aux masses comme le vieux libéralisme y jeta les jésuites sous la

Restauration; ce mot est mille fois par jour répété; on dénonce les doctrinaires aux électeurs,
on les leur livre corps et âme, et la loi électorale atténue l'influence des hautes classes qui
pourrait balancer ces jugemens.

Cette situation bien comprise ne permet pas
aux doctrinaires un succès possible dans la
session prochaine, et surtout aux élections s'ils
persévèrent dans la position qu'ils ont prise,
en s'associant aux idées de Juillet.

Comme il faut qu'ils se dessinent pourtant, prenons-les dans une autre hypothèse.
J'ose espérer que les esprits éclairés admettront comme un fait positif l'immense existence du parti conservateur et de la propriété
en France. Il n'y a pour s'en convaincre
qu'à parcourir les départemens du centre, du
nord et de l'ouest, depuis Lille, en passant
par la Normandie, la Bretagne, l'Anjou, et en
se rabattant sur le Berry, l'Auvergne, le Lyon-
nais et le Forez. L'influence territoriale est là

22

partout immense. Il serait temps que les fai-
seurs de statistique renonçassent à tous les
calculs sur les morcellemens, et qu'ils tou-
chassent les faits. Il y a au contraire un esprit de parcimonie et d'agglomération qui
s'accroît chaque année. On ne se ruine
plus.

On admettra donc sans difficulté que le parti
conservateur est riche, qu'il a le sol, et s'il
ne domine pas aux élections, c'est que d'a-
bord la loi électorale est tout entière dirigée contre lui; et ensuite depuis juillet, un
grand nombre de ces propriétaires, soit par
refus de serment, soit par tout autre cause,
ne se sont pas présentés aux élections. Il en
résulte que la plupart des choix des députés
ne se font pas par la moitié des électeurs inscrits, et ces électeurs inscrits, dans un grand
nombre de localités, ne forment pas les deux
tiers des ayant-droit à l'inscription.

D'ici aux élections prochaines, les conser-

vateurs prendront des mesures pour tenter
une position un peu forte dans le mouvement politique, dont le principe leur est si
hostile. Ils auront la volonté de s'organiser;
ils iront aux élections pour y user de leur influence, et cette influence est incontestable.
Après la tempête de 93, la propriété releva la
tête dans les deux conseils; elle reparut au 18
brumaire, elle fit la force de l'Empire, la puissance de la Restauration. Aujourd'hui s'il y a
du vague dans les affaires du pays, à quoi s'en
prendre, si ce n'est à l'absence du parti conservateur même? Le jour où ce parti se sera
fondu avec l'école dirigée par M. Guizot, et
pour parler plus exactement le jour où chacune de ces nuances conservant sa vitalité propre, son type même, marchera dans un commun
dessein de consolidation ou de résistance au
désordre politique, il y aura sinon majorité,
au moins une minorité formidable dans la
Chambre des Députés, soutenue par les ma-

jorités de la pairie, et cette situation sera meilleure que celle qui existe aujourd'hui.

Je ne dissimule rien ; il existe des antipathies de personne entre les doctrinaires et les
électeurs de la droite; ces antipathies se rattachent moins à leurs principes qu'à leur attitude historique et aux fautes mutuellement
commises. Et d'ailleurs il en est souvent un peu
des matières politiques comme des principes
religieux; plus les sectes se rapprochent, plus
elles ont des griefs secrets, intimes, qu'elles
oublient difficilement.

Il est une grande puissance, la nécessité,
loi commune qui fait que les partis se groupent d'eux-mêmes quand ils ont une destinée
inséparable et un même principe. On oublie
le passé pour se confondre dans l'avenir, et
la raison le dit. Quand on est sorti du même
point, et qu'on a un semblable intérêt, il faut
bien finir par s'entendre. M. Guizot a largement participé au gouvernement de la Res-

tauration; il en a défendu le principe comme une des plus belles et des plus nobles garanties, et le gouvernement comme un type de modération après les grandes secousses publiques. M. Guizot ne peut pas laisser accuser les hommes et les choses de ces temps, il connaît la véritable force territoriale, la puissance du sol, et s'il conserve encore quelques mauvaises formules déclamatoires contre des époques qui lui appartiennent, elles ne servent que de passe-ports à des idées nettes, à des principes arrêtés sur la marche de la civilisation de la liberté et du pouvoir. Quand on part de ces bases fondamentales, on est bien près de s'entendre sur les détails.

Il faut s'accorder sur un fait incontestable : les conservateurs ne peuvent rien seuls; ils ne sont encore ni assez forts, ni assez disciplinés. Je ne pense pas qu'ils puissent et qu'ils veuillent conserver leurs vieilles antipathies pour la prestation d'un serment; il

est impossible qu'un grand parti qui est le sol
consente à tout jamais s'annuler, lorsqu'il tient
dans ses mains l'influence de la religion, de la
terre et des grands principes de gouvernement.

D'un autre côté, les doctrinaires sont en
butte à tous les coups du parti révolutionnaire; ils ne peuvent plus compter sur le concours des électeurs dévoués au tiers parti, aux-
quels ils apparaissent comme l'ancienne con-
grégation; ils excitent autant de répugnances et
de haines! Que faire dans cette situation quand
on ne peut rien isolément?

Comment les conservateurs et les doctrinaires pourraient-ils hésiter à se réunir? comment se diviseraient-ils encore pour des illusions en face de l'ennemi qui les harcèle?
J'ai entendu répéter mille griefs sur le passé,
comme si dans ce triste passé tous les partis
n'avaient pas commis de fautes, comme si les
royalistes qui soutenaient M. de Polignac et les
coups d'Etat, n'avaient pas sur la conscience

des griefs aussi profonds que peut en avoir
M. Guizot pour s'être associé aux principes
agitateurs dans les clubs des derniers temps
de la Restauration !

Ce n'est pas en récriminant ainsi sur l'histoire que les partis politiques grandissent et
vont à leurs fins ; ils ne doivent avoir souci
que de leur force actuelle et de leur avenir.
Qu'est-ce que les antipathies de personnes, et
les puériles questions de savoir si M. Guizot
viendra à M. Berryer, ou M. Berryer à M. Guizot ? Est-ce qu'il s'agit bien dans les affaires
d'une question de politesse et de prévenance ?
est-il même besoin d'une fusion de personnes
et de principes ? faut-il se céder surtout et pour
tout, faire décider nécessairement la préémi-
nence, pour s'avancer de concert l'un avec
l'autre ?

Deux opinions peuvent marcher parallèle-
ment sans se confondre. Sous la Restauration,
est-ce que M. Royer-Collard, si dévoué à la monar-

chie restaurée, ne votait pas d'intimité avec
l'extrême gauche impérialiste et républicaine?
est-ce que cette vieille gauche demanda jamais
à M. Royer-Collard ou à M. Camille Jordan, le
sacrifice de leur vénération pour la sagesse et
la grandeur méditative de Louis XVIII ?

Et qui empêche donc que chacun conserve
au fond du cœur des affections nobles, des
convictions plus ou moins fortes quand les in-
térets sont communs, quand c'est la nécessité
elle-même qui impose le rapprochement, et
que le but surtout est de consolider l'ordre
social sur de fortes bases? Cette nécessité est
plus puissante que les petites répugnances et
les jalousies politiques; elle accomplira seule
l'alliance qu'on repousse vainement, et cela
sous peine de mort politique. Que M. Guizot
le sache une fois pour toutes, sa destinée parlementaire est perdue s'il ne se rapproche du
parti conservateur pour marcher avec lui; et
que de son côté, le parti légitimiste sache bien

qu'il ne peut être quelque chose dans le mouvement politique, qu'en se plaçant sur le terrain légal des institutions, en adoptant ainsi le
noble titre de conservateurs et de tories.

CONCLUSION.

Le but de ce livre doit être maintenant compris et jugé.

Il a été utile pour préparer les esprits à la
justice historique d'établir les faits suivans :
1° tous les partis de la Révolution de Juillet
qui sont entrés dans le mouvement des affaires
ont été obligés de reconnaître, en renonçant à
leurs vieilleries déclamatoires, la sagesse et la
vérité des principes diplomatiques, administratifs et financiers des hommes d'Etat de la
Restauration; par-là, ils ont avoué l'injustice de
leurs plaintes et l'impuissance de leurs propres
principes.

2° La société éprouve en ce moment une

transformation ; l'esprit de la vieille école philosophique du dix-huitième siècle s'efface et
disparaît. Il en est de même des principes politiques et administratifs de la Constituante et
de 1789. Le pays a soif d'unité, d'hiérarchie et
d'administration; d'où la méfiance de toute
discussion trop vive, de toute déclamation de
tribune ; il est fatigué de la liberté orageuse, il
se repose avec confiance sous la main du
pouvoir.

3° C'est parce que la Chambre des Pairs a
bien compris ce mouvement des esprits, et
qu'elle possède dans son sein des hommes de
gouvernement, d'administration et de force,
qu'elle a tant grandi dans les institutions du
pays, tout en partant néanmoins d'une base
contestée et imparfaite. L'avenir lui réserve
peut-être le grand principe de l'hérédité; dès
ce moment la haute direction lui paraît acquise,
c'est à elle surtout qu'il appartient de constituer le parti conservateur.

4° C'est ce peu d'intelligence des questions positives, cette agitation des partis, ce peu d'attention prêtée aux affaires qui a affaibli l'influence parlementaire de la Chambre des Députés. Admirable pour prêter secours à l'ordre menacé, pour préparer la compression des émeutes, la majorité ne s'est jamais élevée à la hauteur des questions de hiérarchie sociale; elle est restée en arrière de son époque, elle est demeurée l'expression du vieux libéralisme, elle n'a pas compris la jeune génération d'espérances si puissamment dominée par l'unité politique et religieuse.

5° Dans les deux Chambres comme dans la société, il existe un double centre, avec un drapeau différent de principes et de maximes en opposition les unes aux autres. Ce double centre, réuni dans un sentiment commun, tant qu'il s'est agi de réprimer les factions et de rétablir l'ordre matériel, doit nécessairement se séparer sur les questions de

hiérarchie et de morale politique , et cette séparation , aucun esprit ne sera assez puissant ,
aucune main assez ferme pour l'empêcher. La
destinée de ces deux centres est d'absorber tôt
ou tard toute la partie vitale des extrémités
de gauche et de droite, ou si l'on aime mieux,
du républicanisme et du carlisme.

6° En appliquant ces faits à la position actuelle, il faut en conclure que la formation
du ministère de M. Thiers est le premier acte
qui constitue la séparation complète des deux
centres ; de toute nécessité M. Thiers sera le
principe d'une nouvelle majorité où se grouperont toutes les nuances depuis M. Odilon
Barrot jusqu'à M. Fulchiron ; aussi bien
M. Baude , M. Isambert que M. Dupin. Et
M. Guizot, qui veut vainement retenir l'ancienne majorité, sera rejeté comme malgré
lui à la tête d'un centre droit formé du parti
conservateur, des doctrinaires et des politiques. Tous les légitimistes qui voudront vivre

d'une vie rationnelle, et à mesure que le temps marche ils seront nombreux, seront forcés de s'asseoir aussi sur le terrain légal des institutions, de se constituer tories et de marcher avec ce centre droit.

Je ne dis point que ce centre droit devienne majorité ; c'est une question d'avenir, mais il aura pour lui d'abord l'unanimité de la Chambre des Pairs, ses propres principes, les fautes et les impossibilités de ses adversaires. Le centre droit seul offre à tout gouvernement la constance de ses doctrines et l'appui de la terre. C'est quelque chose que de forcer ses ennemis à reconnaître chaque jour que les hommes politiques ont eu raison. Voyez-vous cet éclatant hommage que toutes les opinions sont forcées de rendre aux véritables principes de gouvernement, même à ses maximes d'économie politique ! et M. Thiers vient de donner un dernier démenti au libéralisme en soutenant le système protecteur en matière de douanes.

Reste au centre droit à s'organiser dans les élections prochaines. Qu'il laisse donc de côté toutes ces questions de serment, ces protestations qui n'avancent rien. C'est par l'activité que les opinions triomphent ; la vie politique est laborieuse, mais elle est profitable ; propriétaires et gens paisibles, les dérangemens causent aux conservateurs plus de peines qu'à cette portion bruyante de la société qui s'est constituée maîtresse des colléges. Faisons-nous tous inscrire sur les listes, et allons aux élections comme à un devoir. Il y a tel collége où il n'y a pas eu un tiers des votans, et les absens formaient précisément l'opinion conservatrice à qui la majorité appartient dans nombre de localités, et encore l'organisation politique a été spécialement dirigée contre l'influence exclusive de la terre ! Allons donc aux élections, car la lutte prochaine sera décisive ; Dieu aidant, elle constituera largement le parti conservateur, et seulement alors la société sera préservée de toute nouvelle folie ! Si nous sommes pouvoir, nous saurons le sauver; si nous sommes minorité, eh bien, alors nous empêcherons la rapide tendance de toute majorité de gauche, et ce sera encore un service et un beau rôle !

TABLE.

Causes qui ont entraîné la dissolution du ministère de mm. guizot et thiers............. 28

§ 1er. Causes philosophiques et politiques de la
dissolution du ministère Guizot............ 31
§ ii. Causes historiques de la dissolution du ministère Guizot et Thiers................. 47
§ iii. Fautes de M. Guizot dans la dernière crise
ministérielle............................ 61

Les deux chambres......................... 75

Chambre des pairs......................... 89

§ 1er. Capacités de la pairie............... 97
§ ii. Services de la Chambre des Pairs........ 104
§ iii. Rôle d'avenir de la Chambre des Pairs..... 114

La chambre des députés.................... 124

§ 1er. Esprit de la Chambre des Députés........ 136

§ ii. Services de la Chambre des Députés........ 146

§ iii. Destinées de la Chambre des Députés de 1836. 151

Destinées de la gauche austère.......... 154

Destinées du parti Odilon Barrot....... 157

Destinées électorale du tiers parti....... 161

Ancienne majorité ministérielle........ 164

Avenir de la fraction légitimiste........ 169

Les deux centres........................... 181

Centre droit............................ 188

§ Ier. Caractère et esprit du centre droit........ 192

§ ii. Histoire du centre droit................ 197

§ iii. Avenir du centre droit................ 208

Centre gauche............................ 216

§ Ier. Caractères du centre gauche............ 219

§ ii. Histoire et transformation du centre gauche. 223

§ iii. Destinée du nouveau centre gauche........ 234

La présidence du conseil de m. thiers......... 245

§ Ier. Personnel du ministère................ 251

§ ii. Le nouveau ministère devant les deux Chambres................................... 266

§ iii. Le nouveau ministère devant la presse..... 274

§ iv. Le ministère devant l'opinion........... 283

§ v. Le ministère vis-à-vis de lui-même........ 292

§ vi. Le cabinet en présence des affaires........ 299

Situation politique de M. Guizot................ 317

§ 1er. M. Guizot en présence de la majorité...... 321

§ 11. M. Guizot vis-à-vis de l'ancien ministère.... 327

§ 111. Situation du parti doctrinaire vis-à-vis de
la société.............................. 331

Conclusion................................. 345

FIN DE LA TABLE.

FAUTE A CORRIGER.

Page 42 , ligne 12 , *au lieu de* hôtel du Panthéon , *lisez* autel du Panthéon.

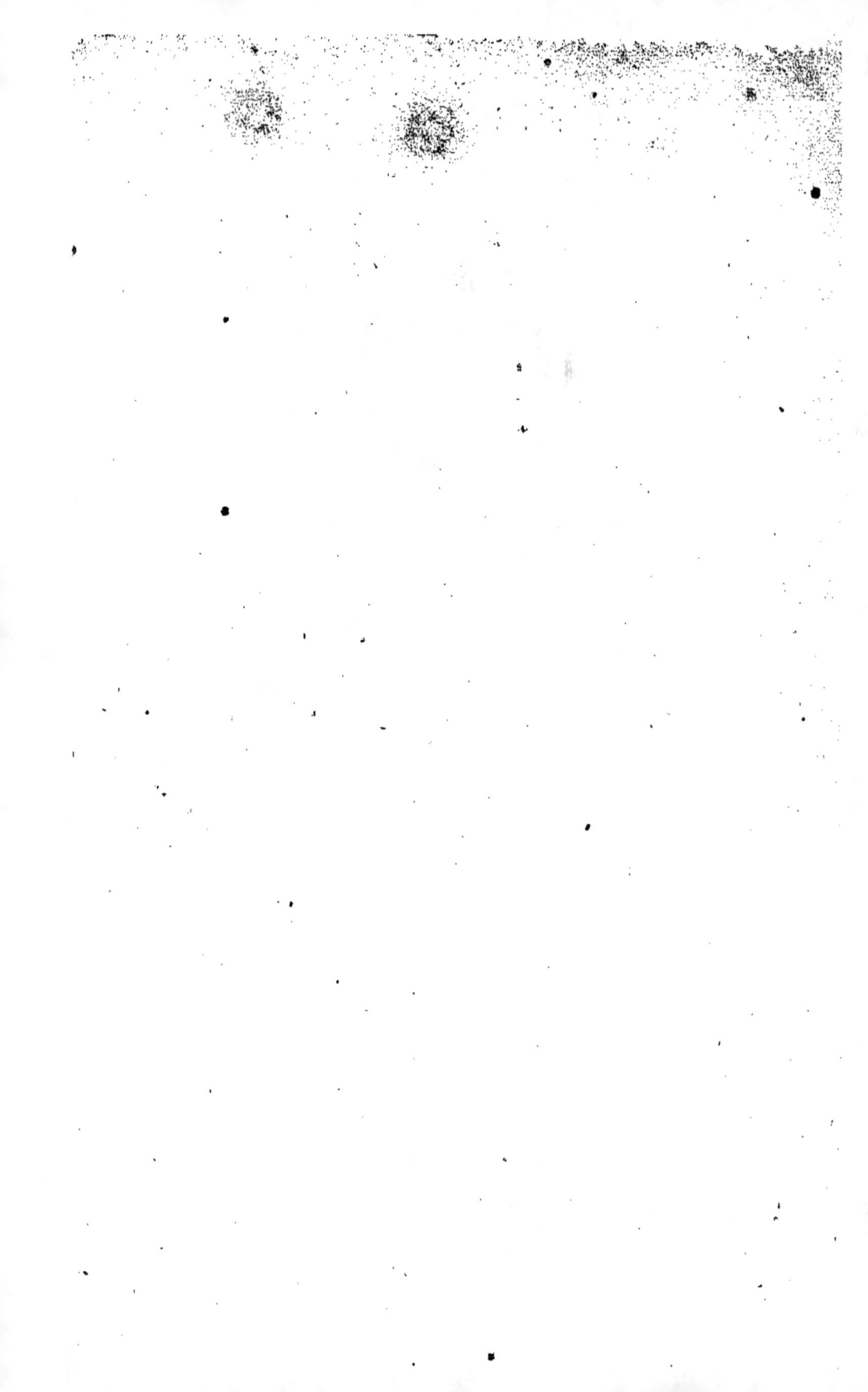

www.ingramcontent.com/pod-product-compliance
Lightning Source LLC
Chambersburg PA
CBHW071629270326
41928CB00010B/1843